中小学美育
与美育化教学研究

李 雪 范晓敏◎著

吉林大学出版社
·长春·

图书在版编目(CIP)数据

中小学美育与美育化教学研究 / 李雪，范晓敏著. --长春：吉林大学出版社，2023.6
ISBN 978-7-5768-1842-0

Ⅰ．①中… Ⅱ．①李… ②范… Ⅲ．①美育—教学研究—中小学 Ⅳ．①G633.950.2

中国国家版本馆CIP数据核字(2023)第121676号

书　　名：中小学美育与美育化教学研究
ZHONG-XIAOXUE MEIYU YU MEIYUHUA JIAOXUE YANJIU

作　　者：李　雪　范晓敏
策划编辑：邵宇彤
责任编辑：王　蕾
责任校对：刘守秀
装帧设计：优盛文化
出版发行：吉林大学出版社
社　　址：长春市人民大街4059号
邮政编码：130021
发行电话：0431-89580028/29/21
网　　址：http://www.jlup.com.cn
电子邮箱：jldxcbs@sina.com
印　　刷：三河市华晨印务有限公司
成品尺寸：185mm×260mm　　16开
印　　张：13.25
字　　数：225千字
版　　次：2023年6月第1版
印　　次：2023年6月第1次
书　　号：ISBN 978-7-5768-1842-0
定　　价：78.00元

版权所有　　翻印必究

前言

美伴随着人类认识自然和改造自然的实践活动产生和发展,无论是在自然中,还是在人类社会生活的各个领域,都广泛存在着美的元素。从原始社会中生产工具和装饰品的制造和生产,到人类文明发展中丰富多彩的艺术创作,从古代哲学中对于道德之美的论述,到现代社会人们多元的价值追求,在漫长的人类发展史中,始终充满着对于美的探索、追求和创造。

伴随着美的产生和发展,美学与美育的概念诞生,美学是以人类的审美活动及其普遍性为研究对象的科学。而所谓美育,即审美教育,是运用实践生活中的社会美与自然美,传授正确的审美观点、增强人的审美能力、提升人的审美水平、构建人的审美意识与自觉创造美的意愿、培养人创造美的能力、促进个体人格完善与整体素质提升的过程。美育的任务是提升人们的审美素质,使人们能够保持正确的审美判断与审美选择,能够在美的指引下更好地展开实践活动。因此,美育对于个体的发展十分重要,对于正处在生理与心理快速发育期的青少年来说更是如此。

中小学阶段的学生由于生理与心理发育尚不成熟,且世界观、人生观和价值观正处在构建之中,因此很容易受到外界环境的影响。在学生的成长环境中存在各种各样的思想与价值观,健康、正确的价值观自然能对青少年的成长与发展起到促进作用,但少部分不健康、消极的价值观则容易对青少年的成长造成不良的影响,由此可见中小学美育的重要性。本书即从美育的内涵与实施路径出发,对中小学美育与美育化教学展开研究。本书共八章,分为上、下两篇。

上篇以理论阐释为主，分为四章，主要针对美、美学、美育，以及中小学美育的相关概念及发展历程进行了详细的阐释。下篇以路径分析为主，同样分为四章，分别从基础课程中的美育化教学、课外活动中的美育化教学、学校美育环境建设，以及发挥教师在美育化教学中的主导作用等方面对中小学美育的开展路径进行了全面的分析。

鉴于作者水平有限，书中难免存在一些疏漏，敬请读者予以斧正。

2023 年 1 月

李雪　范晓敏

目 录

上篇　中小学美育基础

第一章　美育发展概述 ······3
- 第一节　美的起源 ······3
- 第二节　美学与美育 ······14
- 第三节　美育的产生和发展 ······32

第二章　美育的内涵 ······37
- 第一节　美育的任务 ······37
- 第二节　美育的内容 ······43
- 第三节　美育的原则 ······58
- 第四节　美育的特点 ······65

第三章　中小学美育的基本理论 ······68
- 第一节　青少年的生理特征 ······68
- 第二节　青少年的心理特征 ······70
- 第三节　美育对于青少年成长的积极作用 ······75
- 第四节　青少年审美情趣与审美能力的培养 ······88

第四章　中小学美育概况……92

第一节　中小学美育的必要性……92
第二节　中小学美育的特点……96
第三节　我国中小学美育的发展……103

下篇　中小学美育化教学

第五章　基础课程中的美育化教学……111

第一节　美育与德育……111
第二节　美育与智育……120
第三节　美育与体育……128
第四节　美育与艺术教育……132

第六章　课外活动中的美育化教学……145

第一节　课外活动的审美价值……145
第二节　课外活动的审美内涵……151
第三节　课外活动的组织与实施……156
第四节　课外活动的延伸……163

第七章　学校美育环境建设……168

第一节　校园美育环境建设的作用……168
第二节　建设优美的校园物质环境……173
第三节　营造良好的校园精神环境……179

第八章　发挥教师在美育化教学中的主导作用……184

第一节　提升教师审美修养的意义……184
第二节　当代教师的审美素质……188
第三节　教师审美素质的培养……196

参考文献……201

上篇

中小学美育基础

中小学美术教育出版社

第一章　美育发展概述

在人才培养的过程中，加强美育，促进人的全面发展和提升社会文明的整体水平，是我国教育当前面临的重要任务，无论是对美育本身进行研究，还是对美育的路径进行探索，首先必须要明确美育是如何产生与发展的，即何为"美"，何为"美育"，其起源与发展的历程是怎样的。本章以此为出发点，着重对美育的产生与发展展开讨论。

第一节　美的起源

一、美的起源

（一）美的产生

1.中外关于美的起源的观点

研究美育，首先需要明确美的起源，美从何而来？美是如何产生和发展的？关于美的起源，中外美学家和思想家从不同的角度去考察，形成了不同的观点，主要有以下几种。

（1）"功用"说。"功用"说重视美的功利性，最早提出诗和文艺的功用的是古希腊哲学家苏格拉底，他认为诗和艺术的美与善应当是统一的，并且都以实际功用作为标准。

（2）"理念回忆"说。柏拉图将"灵魂不灭"说与"回忆"说相结合，阐释自己的认识学说，认为人类的知识是以理念的形式蕴含在灵魂之中的，只是人们在出生的时候忘记了，人们在生活和学习中会遇到形形色色的事物，这些事物对人具有启发作用，使人能够回忆起与这些事物相关联的知识。而"美"，正是人们在看到具有美的性质的事物（如花、风景、艺术作品）时所回忆起的绝对的完全的美的理念，柏拉图对于美的起源的观点具有浓厚的先验主义色彩。

（3）"道源"说。"道源"说是中国先秦时期道家对于美的起源的观点，在道家的学说中，"道"是最高的范畴，道家认为"道"是一种先天下而生、不生不灭、自然无为的无限实体。道生万物，而美也正是来源于道的，无论是现实美还是艺术美，都是道的外化。

（4）"圣王制作"说。圣王制作说是中国古代艺术起源的理论之一，最早见于先秦战国时期。荀子《乐论》认为，乐为圣王所制作，圣王制乐是为了统一百姓的行动，使百姓的享乐合于礼制。①荀子认为圣王"制雅颂之声"，可以起到"感动人之善心"的作用，而在儒家学说中，美与善是密不可分的两个概念，善的源头，同时也是美的起源。

（5）"模仿"说。"模仿"说的代表人物是古希腊的亚里士多德，亚里士多德以完整、独立的体系对美学进行阐释，他认为美和艺术的形成源于人们对于现实世界的模仿。同时亚里士多德进一步认为，艺术所具有的这种模仿功能，既应源于现实世界，又应当高于现实世界，艺术不应该仅仅模仿事物本来的样子，还应该模仿事物应有的样子。

（6）"游戏"说。"游戏"说的代表人物有伊曼努尔·康德、约翰·克里斯托弗·弗里德里希·冯·席勒、赫伯特·斯宾塞、谷鲁斯，等等。康德最早对"游戏"说进行了系统的理论阐述，而席勒则在《美育书简》中提出了艺术起源于游戏的观点。

（7）"巫术"说。"巫术"说并不认为美与艺术起源于巫术活动，而认为巫术的发展过程与呈现形式对于美与艺术具有启发意义。英国人类学家爱德华·伯内特·泰勒认为原始艺术起源于"人格化神灵"和原始人的巫术、祭祀活动。

（8）"移情"说。"移情"说是西方现代美学中影响最大的流派之一，也是心理学美学流派中最有代表性的一种理论。德国心理学家、美学家利普斯在他的《空间美学》一书中对"移情"说做了全面、系统的阐述，利普斯认为，人类将

---

① 荀子. 荀子[M]. 曹芳, 编译. 沈阳：万卷出版有限责任公司，2020：148-150.

自身的情感移置于具体对象后才产生了美和艺术。

（9）"劳动"说。"劳动"说认为艺术与美起源于人类的劳动，这一理论的代表人物有卡尔·毕歇尔、马克思·德索、普列汉诺夫等。德国的毕歇尔首先提出艺术起源于劳动的观点，俄国的普列汉诺夫认为审美意识与艺术最初源于人类初期的生产劳动等功利性目的，而人类非功利性的审美需求则是在此基础上逐渐发展形成的。[①]

2.马克思主义关于美的起源的观点

关于美的产生，马克思的观点是"劳动创造了美"。[②]这一观点有两层含义：首先，美与人有关；其次，美的产生基础是人类的劳动。马克思主义美学认为生产实践首先创造了人自身，锻炼了人的双手和大脑，然后才由社会实践的需要产生了人对审美和艺术的需要，提高了人的审美创造美的能力，才使人在实践创造的成果中确证自己，实现了人的本质的对象化，从而创造了原初的美和艺术。

马克思主义认为，实践是认识的唯一来源，同时，实践也是认识发展的动力。人类最初的审美意识，源于人类改造自然的社会实践。美既不是先于人而存在的物的自然属性，也不是人类意识的主观产物，它的根源深深蕴含在人类的生产生活实践之中。因此，我们探寻美的根源，需要从人类的劳动实践入手去寻找。

人类的首要目标是生存，正如恩格斯所说，人们首先必须吃、喝、住、穿，然后才能从事政治、科学、艺术、宗教，等等。[③]这说明，为满足人类生存需要所开展的生产劳动，是支撑起人类社会运行和发展的基础，而人类的其他活动，则是在这个基础上派生出来的，审美活动同样如此。

（二）美的发展

美是人类社会的产物，从人类的生产实践中产生，伴随着人类社会实践的发展而不断发展。

原始社会的劳动是生产力极其低下的平等协作。原始人的活动仅仅局限在与自然斗争这一极其有限的范围内。原始的美只能是初级形态的美，如工具的美，陶器的美，原始建筑的美，狩猎对象的美，劳动活动的美，穿孔的兽齿、鱼骨、

---

① 朱立元.美学大辞典[M].修订本.上海：上海辞书出版社，2014：36.
② 中共中央马克思恩格斯列宁斯大林著作编译局.1844年经济学哲学手稿[M].北京：人民出版社，2018：45-61.
③ 恩格斯.卡尔·马克思 人·思想家·革命者[M].何封，译.兰州：读书出版社，1949：1-15.

石珠这些装饰的美,等等;如原始人的集体演出、游戏、巫术、礼仪,或者是劳动前必要的演习,或者是进行劳动和战争的必要的练习,或者是劳动后再一次体验劳动时使用力量所引起的快乐。他们尽情地唱歌跳舞,在洞穴里绘制壁画,进行雕塑。原始的创造性也就体现在劳动工具、劳动对象、劳动产品、劳动过程、巫术礼仪、艺术作品等具体感性的形式之中。

生产力的不断发展带来了社会分工,社会分工使专门从事精神生产、艺术生产的特殊阶层开始出现,促进了人类文化的繁荣与美的创造和发展。社会生产实践的不断发展,使人们的审美意识不断提升,人们关于美的创造不再仅仅围绕生存这一主题,而是为了满足人类的审美追求而不断发展。

除了物质生产实践,还有其他形式的社会实践,如人民群众的革命斗争、剥削阶级上升阶段的历史活动、英雄人物的英雄行为、群众领袖的光辉业绩,都体现出了人的自由,推动了社会的发展和历史的进步,它们的具体感性形式实质上是美的。

二、美的本质

关于美的本质的考察,我们主要从两个具有较大影响力的观点出发,一种是以柏拉图为代表的"美的本质是精神理念"[1]的观点,另一种是以卡尔·海因里希·马克思为代表的"美是人的本质力量的感性显现"的观点。[2]

(一)从外在的精神理念或精神存在物寻找美

人类的思维观念,可以一直追溯到原始思维。在人类的原始思维中,普遍存在着神灵崇拜和超自然力量崇拜。在神灵崇拜和超自然力量崇拜阶段,人们普遍相信一切事物的背后,由神灵或超自然力量主宰着一切,他们认为,美也是神灵或超自然力量所主宰并赋予的。在美学史上,从外在的精神理念来探究美的学者,比较典型的是柏拉图。在《大希庇阿斯篇》中,柏拉图提出了"美是什么"这一美的本质论问题,在《会饮》《理想国》《斐多》等篇章中对美的本质的问题又进行了系统的回应。在《大希庇阿斯篇》中,柏拉图认为,事物之美是源于"美本

---

[1] 柏拉图.理想国[M].郭斌和,张竹明,译.北京:商务印书馆,2019:484-502.
[2] 中共中央马克思恩格斯列宁斯大林著作编译局.1844年经济学哲学手稿[M].北京:人民出版社,2018:45-50.

身"。在柏拉图的理念哲学中，这种"美本身"无疑是"美的理念"。

（二）美是人的本质力量的感性显现

人的本质力量是在社会事件中显现的，社会实践的过程就是人本质力量的显现过程，社会实践的成果就是人本质力量的物化形态。人类的实践最早体现在认识世界和改造世界的活动之中，人类通过劳动维持生存与发展，人类早期生产劳动的基本手段是向自然摄取各种生产与生活资料，这是人类社会逐渐形成和发展的前提。这一过程中，人类逐渐探索并认识到了自然发展的规律，当这种自然规律被人们认识并加以利用，当自然规律符合人类社会的发展规律时，审美关系就悄然建立起来了，这种审美关系首先表现在人对自然事物的喜爱，随着实践的发展，美的因素开始越来越多地出现在人们改造世界所使用的工具上。

生产工具是人类从事生产劳动的核心要素，随着社会实践的不断发展，人类在制造生产工具的同时，除了注重其使用价值，还逐渐开始重视其审美价值。例如，人类在制造石球以及石珠中发展了对圆的感觉；后来在磨制石器中发展了对线与面和对光滑、圆润、匀称的感觉；再以后从彩陶及玉器的制作中发展了对色彩的感觉。这一过程不仅仅是器物制造的过程，同时也是人类审美素质不断发展的过程，人类的审美情感不断丰富，审美能力不断提升。

在社会实践中，人们按照一定的规律创造美，人们在生产劳动之中首先需要尊重客观规律，即事物发展的基本规律，如人们按照农时耕种庄稼，就是对气候规律与农作物生长规律具有充分的认识，人们越能深刻掌握客观对象的规律，就越能充分利用规律进行生产活动。其次，人类的社会生产实践活动还需要结合人类自身的需求与目的。人类的生产劳动必然具有一定的目的性，这种目的性使得人们通过一系列的社会实践活动，促使对象产生对人类个体或社会有益的变化，这就是广泛意义上的"善"。人类在社会实践中需要对这种目的性有一个准确的把握，并千方百计地将其体现在自己的实践对象与生产过程之中，从而使主体的"善"在实践劳动中得以实现，成为对象化了的"善"。

由此观之，人类的生产劳动必然包含两方面的内容：一方面是人类认识和把握事物发展客观规律的"真"，另一方面是人类按照自身的目的性进行生产实践的"善"，这种合规律性与合目的性的、掌握了的"真"和实现了的"善"的"真"与"善"的统一，就是按照美的规律来建造的最基本内容。我们认为，人的本质力量的显现，正是通过实践活动，把自己掌握"真"和实现"善"进行自由创造的力量作用于对象而产生的结果。

人的本质力量的感性显现是"真"与"善"在实践中的有机统一，这种统一符合事物发展的规律与人们改造世界的需求，因此，其符合人们的审美需求，具有"美"的性质。

人的本质力量的感性显现体现在物质层面，是人类社会实践的过程以及结果能够使人的生存需要得到满足，是人的肉体能够展现出相对自由的生存状态，能够使人感到愉悦；体现在精神层面，就是社会实践的过程和结果能够使人的理想转变为现实，满足了人们精神的渴求，使人们获得精神上的自由，同样能够使人得到心灵上的愉悦。其中，后一种愉悦是以前一种愉悦为基础的，但是在层次上要高于前一种愉悦，因为这种愉悦体现的是人类更高层次的需要得到了满足，而"美"的内涵正是在这一过程中不断得到丰富的，不再仅仅局限于人类生存发展的基本需要与自然规律的统一，而是随着人类精神需求的不断发展而不断发展、丰富，与此同时，人们的审美情感也在这一过程中逐渐完善。①

三、美的特征

伴随着人类社会的产生和发展，美的内涵也得到不断丰富。审视美的内涵，可以发现美具有许多特征，如图1-1所示。

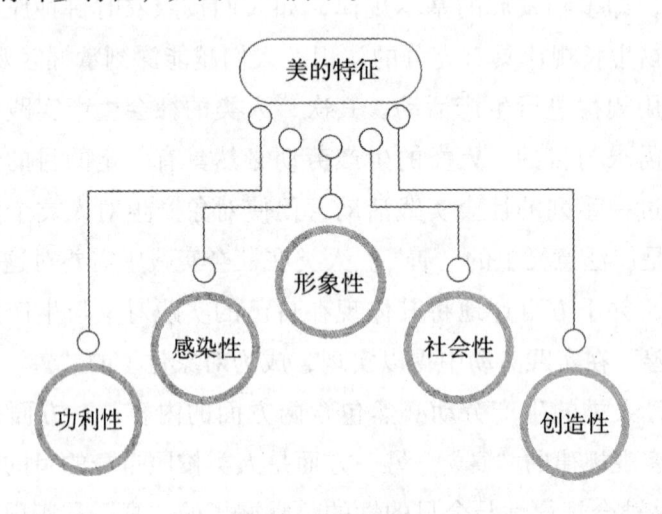

图1-1 美的特征

---

① 刘茂平，李珊．美学导论[M]．武汉：湖北美术出版社，2014：13-18．

（一）形象性

人类对美的最直观印象就来自其形象性，美的形象性指的是美能够凭借其生动具体的形象为人类感官所感知的特性。格奥尔格·威廉·弗里德里希·黑格尔曾强调形象对于美的重要性，认为"美的生命在于显现""美只能在形象中现出"。[1]美的事物，无论是有形的还是无形的，都可以通过色、形、声等具体的媒介来展示自身的形象，为人所感知。

美不能脱离形象而存在，即便我们可以从文字中感受到事物之美，也是因为文字对事物的美进行了描述，进而在我们脑中形成了关于事物形象的具体认知。在这一过程中，文字只是起到了媒介的作用，我们能够在文字中感受到美，也是美的形象性在间接影响着我们的感受与认知。

比如，人们不吝笔墨赞颂四季之美，有关不住的满园春色，有六月西湖的映日荷花，有落霞映衬的秋水长空，还有玉骨冰姿的白雪红梅。人们对于四季的喜爱多是体现在具体的景色之中，而不是凭空臆想而生。季节本身是地理学中的气候名词，是没有具体形象的，自身并不具有美的属性，而是借由具体的象征性景色给人以直观的感受，使人感受到季节之美。人们认为春天是美的，是因为绿叶繁花呈现着勃勃生机；人们认为秋天是美的，是因为秋风落叶呈现出萧瑟之美。因此，四季之美是四季景致之美，是人们通过视觉、听觉、嗅觉所感受到的具体的美、形象的美。

再比如，人们对于山水景色的欣赏，我们认为名山大川是美的，指的是具体的山川景色之美，而不是山川的抽象概念。山川之美，是通过其瑰丽的姿态、悦目的景色，以及其中具体的自然与人文景观所表现出来的，离开了这些具体的形象，山川就变成了抽象的名词，无法让人直观产生美的感受。因此，在旅游宣传手册和景区门票上，一般都会印制有景区的标志性景观，使人们对于景区风光有一个直观的、具体的感受，感受到景区的美。试想一下，倘若旅游宣传手册上仅仅有文字描述而不配以景区图片，人们去往此景区旅游的热情还能保存几分？人们在阅读景区说明时，只能对景区产生朦胧的概念，无法产生美感。而当人们观看景区相关图片时，则能够感受到景区的美之所在，但是这种感觉是相对朦胧的、不具体的。只有当人们置身于景区之中时，才能真正领略

---

[1] 黑格尔.美学[M].寇鹏程,译.重庆：重庆出版社,2016:5-6.

到景区风光之美，对于景区的美产生真切的感受，这种感受是文字与图片所无法承载的。

人们对于音乐的欣赏也体现了美的形象性，音乐通过声波传递将美妙的乐曲送进我们耳中，或婉转悠扬，或热情澎湃，音符的律动通过发声媒介使我们感受到乐曲之中承载的充沛情感，让我们对音乐产生美的感受。但当音乐失去了声音，只剩乐谱与音符时，我们就无法通过听力感知音乐，无法获取直观的感受，音乐之美也就无从谈起了。

当然，美的形象性并非仅仅由色、形、声等因素组成的纯形式概念，而是形式与内容的统一。美的形象性既包括通过视觉、听觉、嗅觉、触觉等感知到的形式因素的美，又包括事物的本质与内涵通过理性思维带给人的美感。

（二）社会性

美具有社会性，这是因为美的产生和发展与人类的生产生活实践有着密不可分的关系。从哲学的角度来看，美是事物价值的一种体现，而价值属于关系范畴，具有社会性，倘若没有人类的存在，也就无所谓价值与美。

美是人类价值判断的一种，审美也是人的主观活动，无论是价值判断还是审美活动，都是以人为主体的。人类在认识世界和改造世界的过程中，逐渐丰富和完善对于美的认知，可以说，美是人类实践的产物，是人类社会发展的产物。

每个人对于美的认知不尽相同，但审美标准具有一定的社会性，是一种社会现象。例如，宋代周敦颐在《爱莲说》中表达了自身对于莲花的喜爱，并对其原因进行了阐释。周敦颐爱莲花不仅仅是因为莲花的外在形象之美，更是因为其形象承载了出淤泥而不染、濯清涟而不妖、圣洁高尚的品质，而这种品质具有社会性，是在人类社会形成和发展过程中产生并受到人们推崇的。

我们将梅兰竹菊称为"四君子"，这正是源于我们对于其所寄托的美好品格的审美认同。梅花探波傲雪，剪雪裁冰，不与群芳争春，在冰雪之中磨炼铮铮傲骨，是高洁之士的象征；兰花空谷幽放，孤芳自赏，正应一个"幽"字，是贤达之士的象征；竹虽有节，宁折不弯，筛风弄月，清雅淡泊，是谦谦君子，同时也象征着坚韧不屈的气节；菊花凌霜飘逸，特立独行，是不卑不亢的世外隐士。我们对于梅兰竹菊的喜爱，是由于其形象与特性中承载着为人们所推崇的社会价值观、体现着社会所认同的品质。

综上，美是伴随着人类的实践活动产生的，人类在实践的过程中逐渐形成对于美的价值判断，完善对于美的认知，构建美的相关概念，因此，美具有社会性。

（三）感染性

美的感染性指的是美对于人具有吸引、激励、启迪的作用，美作用于人的感官，能够引起审美主体的情感波动与思绪变迁。

美之所以为美，是因为其中承载着人们所推崇的价值观，包含着人们的美好向往，体现着人们的正向价值判断。因此，美的事物对人具有感染力，是因为其自身包含着我们所认同的价值观与符合社会普遍认同的审美判断，能让我们在欣赏美的同时产生情感共鸣。

当我们欣赏大海之广阔、山川之奇伟、长河之壮丽时，我们会心情舒畅、心生豪迈；当我们看到璀璨的星空时，不由得会产生联想，感慨宇宙之无垠，既会产生"挟飞仙以遨游，抱明月而长终"的空寂之美，也会产生关于动与静、瞬间与永恒的心灵思辨。在我国的文学作品中，借景抒情的作品不在少数，作者因景生情，被自然或人文景观所感染，随后将自己的思考融入景色之中，或产生思辨之情，或形成新的感悟。作者的思维判断是自身的，但引导、感染作者思维与情绪的，是景色之美，正是因为美具有感染性，作者才能被美景所吸引，并驻足思考，形成创作。

在音乐方面，美的感染性表现得尤为明显。我们能从革命歌曲中汲取力量，为国家发展努力拼搏；我们能通过民谣歌曲走入一个个陌生的内心世界，获得不一样的体验与感动。音乐因其美妙的音符与动人的旋律打动我们，使我们产生心灵的共鸣，我们通过音乐感慨时光、获得感动、获取力量，这是美感染性的生动体现。

美是具体、形象的，因此，美首先作用于人的感官，而非理性思维。因此，美首先给人带来的是感性认知，我们在欣赏美的时候，不是从理性思考出发，分析其因何而美，而是从感性的角度出发，内心深处被美所感染，产生对美的喜爱，这是一种感官的刺激与情感上的冲动。

美的事物之所以能给人以感染力，为人带来感动，不仅是因为其外表和形态之美，还因为其形式中蕴含的丰富的内涵与充实的内容。美是形式与内容的统一，美的感染性同样也是形式与内容共同作用的结果。如果缺乏内容，那么形式之美仅仅浮于表面，无法打动我们；如果缺乏形式，那么美的内容将无法通过具体的形象表达出来，同样无法为人带来感动。

综上，美具有感染性，且这种感染性是源于美的形式与内容的统一。美通过形式吸引人，通过内容打动人，给人以感动、思考与启迪。

（四）创造性

美的创造性主要表现在社会美的创造性上。人类社会是不断发展变化的，人类的具体价值观与价值判断会随着生产与生活实践的变化而不断产生变化。美始终反映着人类社会生活中有价值的思想内容，反映着人类社会所普遍推崇的价值观。因此，美会伴随着人类社会的发展变化而变化，美的内涵会伴随着人类社会发展而不断得到丰富与发展。因此，美不是一成不变的，是处在运动变化之中的，是具有创造性的。

美的创造性与美的社会性联系较为密切，服饰的变化、工具的变化、艺术作品的变化，都体现着人们对于美的认知的变化。随着历史进程的推进与人类生产生活实践的发展，人类关于美的概念不断发生着变化。例如，几千年来，中国的服装不断发生着变化，不仅体现在服装的用料上，还体现在服装的造型、色彩、配饰等方面。服装作为美的重要承载物之一，体现着人们审美的变化。

文学作品和艺术作品也需要不断创新，才能不断给人带来美的享受，经典的艺术作品之所以流芳百世，也是因为它们是作者在其所处的时代条件下，根据社会实践，充分发挥主观能动性，创作出的符合人们审美需求的作品。

即使是自然美，也蕴含着创造性。人类通过改造自然，将许多看似寻常的自然事物，改造成具有审美价值的事物。例如，梯田景观、荒漠中的人工林海、城市中的绿化设计等，都是人类改造自然所形成的具有审美价值的景观。

自然美还有一部分是与人文因素相融合的，通过文化符号的引入与文学作品的创造，从而产生审美价值。例如，苏轼在《饮湖上初晴后雨》中的名句"欲把西湖比西子，淡妆浓抹总相宜"就是将原本属于自然景观的西湖进行拟人化描写，在读到这一句诗时，人们不再将西湖简单地看成自然风光，而是对于西湖之美展开更多的联想，提升了西湖的审美价值。再比如，五岳是中国的重要文化符号，具有较高的审美价值，相比于其自然风光，五岳的审美价值更多体现

在其蕴含的文化内涵之上。五岳是古代民间山神崇敬、五行观念和帝王巡猎封禅相结合的产物，具有较强的文化影响，也正因如此，人们在五岳之上建造了许多具有鲜明文化特色的建筑，这些人类创作的文化产物逐渐成为五岳审美价值的重要组成部分。

综上，美具有创造性，这是与人类社会实践发展密不可分的。人们认识美、欣赏美，并通过创造性实践活动去丰富美的内涵，使美在创造中不断发展，不断被赋予时代的意义。

（五）功利性

美的功利性指的是美能够对人产生正向的影响。功利性是美的内在属性，与其社会性和感染性具有密切的联系。从表面来看，美作为一种价值判断，不具备功利性，与人类的实际需要并无较大关系。但从更深的层次对美进行观察就会发现，美的功利性是隐藏在其形象性之后的，虽不易为人所感知，但对人类的实践活动具有潜移默化的影响。

美作为一种价值判断，对于人的价值选择具有影响作用。美的社会功能通过审美活动发挥作用。在人类社会发展的过程中，美始终具有一定的功利性。美最初产生于实用功利，在人类社会发展的早期，人们普遍将美等同于实用功利。随着人类社会不断地发展，美的内涵得到了进一步的丰富，开始与实用功利分离，但是这种分离是源于两者之间概念的细化与内容的丰富，并不是指美完全脱离了功利性。

人类许多功利性活动是因为追求美、实现美而进行的，人与自然，人与社会的关系多含有功利性，人在认识世界和改造世界的过程中，离不开功利性活动与对美的追求。在这一过程中，美作为一种价值判断，对于人们的功利性活动具有一定的价值导向作用。

第二节 美学与美育

一、美学概述

（一）美学的历史

无论是在东方还是在西方，美学都是一门既古老又年轻的学科，人类对于美的研究源远流长，但美学作为一门学科，却出现较晚。

1.美学思想的产生和发展

从人类审美意识的诞生到美学思想的产生之间经历了一个漫长的过程，人类美学思想的产生主要有两个标志：一是关于美学思想的明确记载，二是出现了一批关于美学的范畴与概念。

（1）中国的美学思想。中国的美学思想最早可以追溯到春秋时期的老子美学，道家思想中诸如"道""气""象""有""无"等范畴对于中国古典美学思想的架构产生了重要的影响。

老子对于美也有具体的论述："天下皆知美之为美，斯恶已。皆知善之为善，斯不善已。"[①]这段话中老子对美的论述非常重要，老子将美作为一个独立的概念进行分析，将"美"与"善"作为不同的概念进行表述，并通过"美"与"恶"的对立显示出美的规定性。

儒家美学稍晚于道家产生，由孔子提出，着重以人与人、人与社会、人与自然关系的角度考察美学思想。中国的古典美学就是在老子和孔子思想的引领下不断获得发展的，诸子百家对于美学思想各抒己见，百花齐放，极大地促进了中国古典美学思想的发展。

秦汉之后，中国诞生了许多关于美学思想的论述与著作，比较著名的有刘勰的《文心雕龙》、张彦远的《历代名画记》、石涛的《画语录》、刘熙载的《艺概》及王国维的《人间词话》，等等。这些著作普遍的特点就是将美学作为研究对象，

[①] 李聃:道德经[M].赵炜,编译.西安:三秦出版社,2018:4-7.

具有很高的理论价值，展示了中国美学独特的思维特征。

（2）西方的美学思想。西方的美学思想大概产生于公元前五六世纪的希腊，毕达哥拉斯学派重视对于"数"的研究，认为世界的本源就是数，该学派将美定义为和谐，认为美就是和谐，和谐的具体表现是数的和谐。毕达哥拉斯学派关于美学思想的论断，对西方美学的研究具有重要的影响。

柏拉图对美有着深刻的研究，柏拉图提出了"美是理念"的命题，柏拉图认为理念是永恒不变的，而美的事物之所以美，是因为分享了美的理念。柏拉图对于美的思考具有明显的客观唯心主义的色彩，但他试图从众多美的现象中探求美的本质，开创了西方美学思考的先河，且对于后世关于美的研究产生了重要的影响。

德尼·狄德罗将美定义为一种关系，认为美标记着事物的共有性质，而这种共有性质就是关系。狄德罗认为关系与悟性之间具有紧密的联系，并以此把关系分为三类，分别是实在的关系、感知的关系及虚构的关系。与这三种关系类型对应，狄德罗将美也分为三种，分别是实在的美、相对的美及虚构的美。

黑格尔认为美的理念是感性的显现，黑格尔的美学思想也体现了唯心主义的观点，但是其对于美辩证地认识以及对于美形象性地强调，对西方关于美的研究具有重要的意义。

康德的美学观点则认为审美意象源于人的想象，这种关于美的想象是一种人类意识的主观创造，康德对于美的最重要贡献就是在哲学系统中将"审美"划分成一个单独的领域进行研究。

综上，无论是东方还是西方，早在公元前五六世纪就已经形成了美学的思想，美学思想的发展源远流长，并在这一过程中不断丰富和发展，历久弥新。

2.美学学科的产生和发展

相比于美学思想悠久的历史，美学学科的诞生则相对较晚。德国哲学家鲍姆加登于1750年首次提出美学学科命名的观点。鲍姆加登将美学建立在哲学的基础上进行研究，鲍姆加登也因此被称为"美学之父"。

（1）西方美学的现代发展。19世纪中叶，西方伪学进入现代发展时期，这一时期的西方，百家争鸣，各种思潮风起云涌，文化领域展现出蓬勃的生机，形成了思想空前繁荣的局面。这一时期的美学迎来了迅猛的发展，形成了许多流派，下面我们简单介绍其中几种。

以亚瑟·叔本华、弗里德里希·威廉·尼采为代表的唯意志论美学，该学派反对理性主义，强调生命意志的重要性，认为美是人类意志的产物，该学派的美学思想是建立在西方现代心理学的基础之上的。

审美心理学是美学的重要分支，该学派有较多的分支学说，主要包括费希纳、古斯塔夫·西奥多的实验美学，爱德华·布洛的心理距离说，西奥多·立普斯的移情说，等等。审美心理学是德国哲学家、物理学家费希纳从心理实验着手，自下而上地由审美经验出发来研究审美活动中的心理规律所开创的。审美心理学重视从心理学的角度研究审美活动，重视审美感情、审美想象、审美趣味、审美理想等的心理分析。

表现主义美学兴起于20世纪初的意大利，代表人物有意大利学者贝奈戴托·克罗齐和英国哲学家R.G.科林伍德。该学派认为美是情感或直觉的体现，审美活动是纯粹的主观活动。

美国学者乔治·桑塔亚那则对自然主义美学的产生和发展起到了奠基作用，自然主义美学从自然主义哲学出发，把美感经验和艺术活动作为美学探讨的中心，认为艺术与人的经验和自然本能有着内在的联系。

西方的美学流派还有很多，在此我们不作赘述。总而言之，自19世纪中叶开始，西方的美学研究进入蓬勃发展的阶段，各种新思想层出不穷，学科交叉研究日益兴盛。20世纪五六十年代之后，西方的美学发展步入了新的阶段，结构主义美学、解构主义美学和"西方马克思主义"美学等学派纷纷出现。

纵观西方美学的现代发展，可以发现其具有以下几种特点。第一，西方美学的现代发展始终交织着人本主义与科学主义的对立与融合。第二，西方美学的现代发展对理性主义美学持批判态度。第三，西方现代美学具有深厚的哲学基础。第四，西方现代美学始终保持着对艺术的密切关注。

（2）中国美学的现代发展。19世纪末，中国的现代美学伴随着封建王朝的陨落而发展。伴随着西方文化的强势侵入，西方关于美的理念颠覆着中国传统的美学话语，在这种情势下，中国的美学开始了现代化建构的过程。

王国维是中国现代美学发展的引领者，王国维对于中国现代美学发展的贡献主要有以下几点。第一，参照西方的美学思想与美学理论框架，确立了美学作为一门学科的独立地位，为美学学科体系的建立奠定了基础。第二，促进美学

叙述话语从传统经验的、印象式的、重体悟的表达向逻辑的、思辨的方向转变。

梁启超对于中国现代美学的发展也起到了巨大的推进作用，梁启超从"美"与"趣味"之间的联系出发研究美的内涵，强调情感教育与趣味教育的重要性，梁启超的美学思想相对于中国传统的美学思想有了进一步的发展，为中国美学的现代发展奠定了良好的基础。[①]

新文化运动以后，美学的发展与中国社会的发展紧密联系在了一起，中国现代美学的发展承担着思想解放的历史使命，主要表现在以下几个方面。第一，现代美学注重科学性与逻辑性，这种审美判断的特性对于国民思想解放具有巨大的推动作用。第二，近代中国思想启蒙者将对启发民智、建设新社会的憧憬与美的塑造紧密联系在一起。在人们追求美的过程中，逐渐形成符合时代发展的价值判断。第三，现代美学自身具有科学的属性，对于美的追求，本身也体现着对于科学的崇敬。

中国现代美学自五四运动之后不断发展，始终与国家的社会与文化变革紧密相连，美学的现代发展被纳入社会文化领域的变革与救亡图存之中。这对我国现代美学的影响是双向的：一方面，美学关注现实，在对现实的思索中丰富自身内涵，并起到启蒙作用；另一方面，美学思想的发展始终与社会现实相连，无法摆脱政治、社会变革和发展的束缚，丧失了自主性。

20世纪末21世纪初，中国美学的发展迎来转型，这种转型与经济全球化浪潮密切相关，冷战结束后，两极格局彻底瓦解，经济全球化加速发展。经济全球化加速了各国文化之间的交流，自然也就为中西方美学思想之间的交流搭建了桥梁，加速了中西方美学思想之间的对话与融合，在这种交流融合的过程中，中国美学思想迎来新的转型。

中国美学的现代转型主要表现在以下几个方面。

第一，生存美学的产生和发展。生存美学重视"生存"概念在美学思想中的基础性地位，将"生存"作为美学研究的逻辑起点，并以此为基础，构建起完整的美学思想体系。生存美学认为人类的审美活动本质上是自身超越理性的自由生存方式。

第二，生命美学的产生和发展。生命美学主张"生命的自由实现"，生命美学从人类的实践活动与审美的差异性入手，将审美活动与人类的生命活动充分

---

① 朱存明. 情感与启蒙：20世纪中国美学精神[M]. 北京：文化艺术出版社，2017：70-78.

联系起来，在人类生命活动的基础上对审美活动进行全新的解读，对于美学体系进行重新建构。

第三，存在论美学的产生和发展。存在论美学与西方现代美学思想联系甚密，存在论美学主张借鉴西方现代美学思想的研究成果，从存在论的视角对美学进行研究。

第四，修辞论美学的产生与发展。修辞论美学主张从话语与历史语境的关系出发，构建美学思想体系，修辞论美学将认识论美学、感性论美学、语言论美学进行综合研究与充分融合，最终形成了一个独立的美学思想体系。

（二）美学的研究对象和方法

1. 美学的研究对象

一门学科的研究对象是其区别于其他学科的重要标志，是其学科特色之所在。与其他学科一样，美学作为一门独立的学科，同样具有自身特定的研究对象。

一门学科的确立必须明确研究的对象，研究对象是学科体系构建的目标指向，是学科知识体系的内容指向，是学科教学的任务指向。在美学发展史上，有许多学者根据自己的理解对美学的研究对象提出了不同的观点，具体内容如图1-2所示。

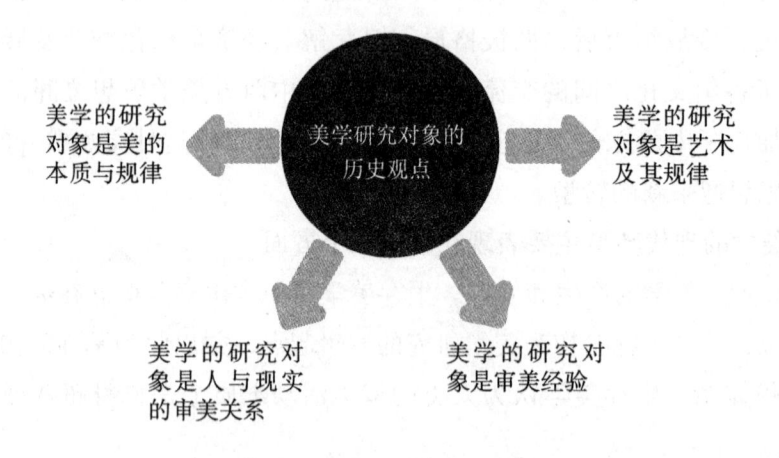

图1-2 美学研究对象的历史观点

第一，美学的研究对象是美的本质与规律。这种观点主要存在于理性主义美学思想体系中。这种观点重视对美的本质的把握与研究，认为从现象层面观察

的话，美是纷繁复杂且变幻莫测的，但如果从本质的角度观察的话，美的本质是唯一的。因此，这种观点认为，对美进行研究，首要任务就是对美的本质进行研究，明确美的本质是什么，再以此为基础，构建起整个美学思想体系。

这种将本质与规律作为美的研究对象的思想，其中具有深厚的哲学意味，受哲学思想影响严重，因此，持此观点的美学家往往具有一定的哲学背景，其美学思想受哲学方法论的引导。这种哲学意味深厚的美学虽然在把握事物的本质与发展规律上具有优势，但是不利于对美学整体的研究，主要弊端有以下两点。

首先，美学本身具有丰富性，涉及审美的各个领域，涵盖丰富的表现形式，这种重视本质与规律的对象观将美学丰富的表达形式与纷繁的内容简化成一个关于事物本质的抽象的命题，忽视了美的复杂性，不利于对美学进行全面的研究。

其次，这种对象观忽视了人的作用，将美学独立于人进行研究，这显然是不科学的，美本身就是与人类社会的产生与发展紧密联系的，缺乏对人的研究，就无法对审美活动的性质及规律进行有效研究。

第二，美学的研究对象是艺术及其规律。这种艺术美学思想在西方的美学研究中表现得较为突出，许多西方美学家认为美学就是艺术哲学。在中国，也有部分学者认为美学就是研究艺术及其规律的，朱光潜先生就是其中典型的代表。朱光潜先生给出了美学就是对艺术研究的理由：首先，研究艺术美的社会意义要高于研究自然美；其次，艺术是美的高度集中表现；最后，将美学集中在艺术领域展开研究是历史进步的传统。[1]

艺术作为美学的集中体现，固然是美学的核心研究对象之一，但是将美学的研究对象完全总结为艺术及其规律，则是相对片面的，这种观点忽视了美学的独立地位。艺术固然是审美的主要对象之一，但不是审美的唯一领域，审美活动存在于人类生产生活实践的方方面面，涉及众多领域，不应该被忽略。

第三，美学的研究对象是人与现实的审美关系。有学者认为，美学是研究审美关系的科学，审美关系中既包括审美理想、美感等主观因素，也包括美的本质、美的形态等客观因素。[2]

审美活动是审美主体与审美客体之间的相互作用以及在这一过程中构建的

---

[1] 朱光潜.谈美[M].海口：南海出版公司,2022：10-18.
[2] 蒋孔阳.美学新论[M].合肥：安徽教育出版社,2007：26-36.

相互之间的关系，因此，对于审美关系的研究是审美活动研究的重要组成部分。但是，将审美关系与美学研究之间画等号，就显得较为片面了，对审美关系的研究是美学研究的重要组成部分之一，而不是全部。

第四，美学的研究对象是审美经验。这种美学对象观是由美学家李泽厚提出来的，这种观点强调了审美经验的重要作用，符合西方美学研究的发展历程，但也存在着一定的局限性。这种观点受西方的实验心理学与心理美学的影响较大，否定了美学的思辨研究与超验追求的可能，将美学研究禁锢于经验科学，同样存在着片面性的缺点。

综合美学相关的历史观点以及当代发展，我们将美学的研究对象总结为人类的审美活动及其普遍性。

我们从人类审美活动的角度出发审视美学的研究对象，主要是从以下几方面考虑的。

第一，研究对象作为一门科学赖以生存的重要基础，应该是具体的、确定的，而不应该是抽象的、未知的。美是伴随着人类生产实践所产生和发展的，人们在认识世界和改造世界的过程中逐渐诞生了审美的概念与行为，而审美活动与审美标准也伴随着人类生产生活实践的变化而不断产生着变化。

由此可以看出，美与审美是紧密联系在一起的，人类的审美活动创造了审美的客体、审美的主体及审美的关系。因此，关于审美活动的产生与历史发展的研究，就是美学研究的逻辑起点，关于审美活动主客体与内容的研究，就是美学研究的主要内容。

第二，审美活动的主体是人，审美活动是人所特有的一种活动。美的形象性、社会性、创造性等特性，体现了其与人类社会之间的密切联系，美是不能脱离人而独立存在的，脱离人而研究美，无法理解美的本质。因此，对于美学的研究，一定是将作为审美主体的人与审美客体、审美活动相结合，从而进行研究的。

第三，审美活动是具体的。审美与美相伴相生，而相比于美，审美活动是一个相对具体、清晰的概念。美学作为独立的科学，应该具有科学的研究体系与研究方法，俄日对美学进行研究的前提就是研究对象需要是一个明确、具体的概念。因此，将美学研究的对象定义为人类的审美活动及其普遍性，更有利于对美学进行全面、系统、科学的研究。

第四，从美的产生开始，其内涵就是随着人类实践的发展而不断变化的。随着人类思想的解放与科技的迅速发展，人类的认知与审美不断向多元化发展，美的内涵得到极大丰富，单一的美学概念越来越难以概括美学对象的方方面面。

审美活动作为人类感觉性活动的重要表征之一，能够将人类关于美的认知进行充分概括，能够将人类审美的各个环节与具体内容联系在一起，从而使美学研究具备开放性和与时俱进性。

2.美学的研究方法

美学作为一门独立的科学，不仅需要具有明确、具体的研究对象，还应该具有科学、系统的研究方法，研究方法是科学重要的组成部分，美学主要的研究方法如图1-3所示。

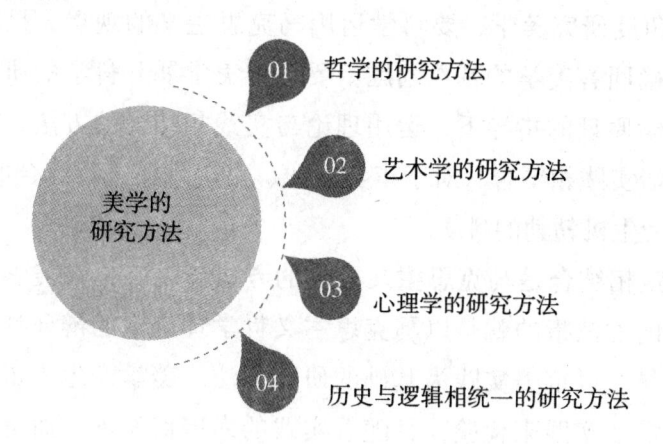

美学的研究方法
- 01 哲学的研究方法
- 02 艺术学的研究方法
- 03 心理学的研究方法
- 04 历史与逻辑相统一的研究方法

图1-3 美学的研究方法

（1）哲学的研究方法。从哲学的角度对美学展开研究，是一种自上而下的研究方法，这种研究方法能够对美的本质以及现象进行深入的解读。美学本质的研究本身就是哲学问题，比如，审美对象与审美意识的第一性问题、审美主体与审美客体的关系问题、美的产生与发展问题，等等，这类问题都需要站在哲学的高度去进行研究。

早期的美学研究者以哲学家为主，美学问题上的分歧与争论，也往往源于哲学思想的不同，不同的哲学思想会产生不同的价值观，而不同的价值观则会导致不同的价值判断。审美作为一种重要的价值判断形式，受哲学理念的影响十分显著。

美的产生与发展是与人类生产生活实践密不可分的。首先，美源于实践，美的概念和审美活动是从人们的实践活动中产生的，是人们在实践中形成的一种价值判断。其次，美又反作用于实践。美在实践中产生，形成一种价值判断，并对人们的时间活动产生引导作用。因此，美始终与人类的实践活动联系在一起，因此，美具有显著的社会性与创造性。

美的产生与发展，以及美的特性决定了唯心主义不能正确揭示美学的基本问题。持唯心主义哲学观的美学家在研究美学时，往往会脱离人类的实践活动，将美学理解为一种脱离人类社会实践而独立存在的事物。这种观念很容易导致美学研究方法失去科学性和系统性，使美学问题变得神秘且复杂，使美学研究过程变得虚无缥缈，使美学丧失其科学性。

从哲学的角度研究美学，要科学运用马克思主义的观点，只有马克思主义的观点才能正确回答美学的基本问题。要想对美学展开科学的研究，就需要在马克思主义哲学原理的指导下，运用理论与实践相结合的方法，将美学理论与人类的生产生活实践相结合，对于审美实践、审美现象进行综合的分析与研究，使美学真正成为生机勃勃的科学。

理论与实践相结合是马克思主义重要的方法论之一，在美学研究中，理论与实践相结合的方法指的就是以马克思主义哲学理论中的辩证唯物主义与历史唯物主义为指导、以审美实践为基础的研究方法。美学产生于审美实践，美学原理的真理性需要实践来检验，且随着实践的发展而发展。而美学原理的真理性在通过实践检验后，就能够积极地反作用于社会实践，指导社会审美实践的发展。

从哲学的角度研究美学，必须从实际出发，否则，就很可能导致美学的研究变得空洞、失去意义。美学研究要从审美实践出发，运用马克思主义哲学的观点和方法进行科学的研究，从实践中总结规律，形成理论，用以指导社会审美实践的发展。

（2）艺术学的研究方法。在美学的研究方法之中，与哲学的研究方法相对应，艺术学的研究方法是一种自下而上的研究方法。艺术学研究方法注重从人的感性认知入手，强调感性经验对于美学研究的重要性。艺术学研究方法与哲学研究方法相辅相成，两者一个自上而下对美学的本质问题展开研究，一个自下而上分析和研究美学的基本问题。

艺术学的研究方法是对艺术的感性经验与艺术实践进行系统的研究，并从中总结出各种艺术的审美特征。艺术审美是人类审美的重要组成部分，甚至有许多美学家认为，美学就是对艺术进行研究的科学，这种论断虽然片面，但从侧面体现出艺术审美在美学研究中的重要地位。

艺术审美是人类审美实践的集中体现，是社会审美最为显著的体现之一，研究艺术审美对于研究美学具有重要的意义。美学研究若想概括艺术审美的特征，就必须从人的感性认知出发，自下而上地对艺术审美展开研究，注重对具体的艺术成果、艺术现象、艺术特征和感性经验的研究。在这一过程中，需要充分借助艺术学的相关研究方法。

（3）心理学的研究方法。在美学研究中，心理学的研究方法指的是从人的心理层面对美学进行研究。心理学的研究方法重视对作为审美主体的人的研究，人们在实践当中发现美、欣赏美、创造美，没有人，也就无所谓美，而人对于美的认知是一种心理层面的认同。因此，在美学研究中，对人的心理的研究是十分重要的，而心理学自然也就成为美学研究方法的重要组成部分之一。

在美学的发展历程中，许多美学思想都是由心理学家提出的。心理学研究方法以人类的审美心理为出发点，对于审美活动的产生、发展与变化进行系统研究。从心理学的角度观察审美活动，外界事物对人的感官产生刺激，这种刺激经过大脑的加工，形成审美意识。这种意识是对审美对象的初步感性认识，当这种认识符合社会管理的自然节奏、符合人的价值追求时，人就会感受到和谐与愉悦，从而感受到美感。因此，美感的产生与人的生理、心理活动有重要的联系。

审美的变化与人的心理活动变化是分不开的，与不同审美主体的心理状态也是紧密相连的。陆游在《沈园二首》中写道："伤心桥下春波绿，曾是惊鸿照影来。"同样都是在沈园中，曾经惊鸿照影，如今物是人非，诗人由于自身的经历，在面对同样的景色时，产生不一样的心理状态和审美感情。而面对同样的事物，不同的主体也会产生不同的审美判断，比如，同样面对庐山，李白的"飞流直下三千尺，疑是银河落九天"充满浪漫与想象，而苏轼的"不识庐山真面目，只缘身在此山中"则充满理性与哲思。因此，我们可以看出，审美活动与人的心理活动是分不开的，不同的主体的不同心理状态，会对同一事物产生不同的审美判断。

关于审美主体的研究，本身也是美学研究的重要组成部分，而审美主体与审美客体之间较为重要的联系就是审美活动，审美活动在本质上是一种心理活动，因此，对于审美的研究离不开心理学研究。

（4）历史与逻辑相统一的研究方法。历史与逻辑相统一的美学研究方法指的是从历史发展的角度出发，对美学的相关问题进行推理和论证。美产生于社会实践，社会实践具有历史性，因此，美也是一种历史现象。若想对美学进行全面的研究，就不能抛开其历史性，要从历史范畴对美学的产生与发展逻辑进行充分的解读。

美学历史性的显著表现是人们审美的变化。随着时代的变化发展，人们的审美标准也在不断发生着变化。比如，中国古代以"三寸金莲"为美，裹小脚也成为当时的流行，而随着近代的到来，裹脚逐渐被认为是一种封建陋习而淡出了人们的生活。再比如，人们对于建筑的审美也随着时代环境与社会普遍价值观的改变而改变，古代的建筑，其外表多以精美的雕刻与复杂的设计作为装饰，而现代城市中的建筑多以简约的造型为主，以凸显现代感与科技感，这是历史发展与科技发展对人们的审美判断带来的影响。美学的历史性还表现在许多方面，诸如服饰、文学作品、音乐等领域，这就要求我们要以马克思主义哲学中的历史唯物主义为指导，从历史的范畴对美学进行研究。

历史研究的方法对应的是美学历史性的特征，这是一种纵向的研究方法，而侧重推理论证的逻辑研究法，则是从横向对美学展开研究，重视对于同时期的审美逻辑进行横向对比分析。这种纵横交错的研究方法，能够避免美学研究的孤立性与片面性，帮助人们对美学以及人类的审美活动展开全面的、科学的分析。

二、美育的概念及意义

（一）美育的概念

1.美育概念的提出

1793年，席勒在《美育书简》中首次提出了美育的概念，并对美育的概念进行了详细的阐释。

席勒对于其所处时代的社会现实进行了批判，认为人性被利益所左右，艺术从世界中淡出，人性逐渐堕落，而改变这一现状的方法，就是通过美育教育，净化人的心灵，实现人思想道德水平的提升，席勒认为只有培养人们美的观念，才能为人们提供正确的价值引导，使人们变得高尚。

美育具体指的是什么呢？席勒对此做了详细的阐述，席勒认为教育的内容有许多种，有促进基础知识的教育、有促进身心健康的教育、有促进艺术水平提升的教育、有促进道德进步的教育，还有促进审美与鉴赏力的教育。其中，促进审美与鉴赏力的教育就是美育，这种教育以提升人们的审美水平、审美能力为目标，将美的知识、美的观念融入教学体系之中，使人们在接触美、学习美的过程中增强自身的审美判断能力，提升自己的审美水平，陶冶自己的情操，提升自己的道德，最终使人们的感性与精神力量达到尽可能整体的和谐。

我们从席勒对于美育的阐释中可以发现，席勒认为美育是一种感性教育，这种教育的目的是促进人本身感性与理性的和谐与交融，实现整体的发展、自然的发展，去往"自由王国"，成为完整的人。[①]

席勒对于美育的定义对美育的发展产生了深远的影响，后世的许多美育观点都受到席勒观点的影响。法国思想家让－雅克·卢梭对于审美能力也提出了自己的观点，他认为一个人审美能力的高低取决于其自身的感受力，这种感受力主要是后天培养形成的，人要在社会发展的过程中汲取知识，在自然和社会中认识美、发现美、鉴赏美。人们对于美鉴赏力水平的高低反映着人们的审美能力，人若想实现进一步的发展，就必须提升自身的审美能力。[②]

受卢梭审美思想的影响，瑞士教育家裴斯泰洛齐同样重视自然美在美育中的作用。裴斯泰洛齐将自然美与人类思想道德培育联系起来，认为美育就是与自然携手共进的艺术，将我们提升到真理与智慧的高度。[③]

德国哲学家约翰·弗里德里希·赫尔巴特将教育工作的根本目的总结为"道德"二字。赫尔巴特十分注重教育过程中道德理念的培育与道德体系的构建。赫尔巴特认为，道德应该是教育发展的最高目的，也应该是人类发展的最高追求。赫尔巴特认为教育的目的应该是培养具有完美道德的人，进而提升社会整

---

① 席勒.美育书简[M].徐恒醇,译.北京：中国文联出版公司,1984：100-109.
② 让－雅克·卢梭.爱弥儿[M].孟利峰,译.上海：上海三联书店,2017：270-350.
③ 裴斯泰洛齐.裴斯泰洛齐教育论著选[M].夏之莲,译.北京：人民教育出版社,2001：245-260.

体的道德水平。美育作为教育的一种，也应该服务于这一目的。[①]

席勒首先明确了现代美育的概念，其思想与观点随着时代的发展不断得到丰富与完善，最终形成现代美育概念的基础。

2.美育的概念

关于美育的概念历来众说纷纭，有人认为美育是德育的一部分，这种观点受美学的哲学研究方法影响较大。由于美育的主要作用是提升人的审美素质，而审美素质直接关系到人的思想道德建设，因此，美育对于人的德育具有重要的促进作用。

有人认为美育属于艺术教育的范畴，这种观点显然与美学的艺术学研究方法观点一致，注重自下而上地对美育的概念及其内容进行研究。该观点认为美最基本的表现形式就是人的感性认知，是对人感官的刺激，表现为具体的色、声、形。美育就是提升人们对这些基本美学表现形式的认知水平的教育过程，表现为对具体的美术、音乐、舞蹈以及其他艺术形式的技能的培养和教学。

还有人认为，美育是一种情感教育。这种观点重视美育对人们情感的影响，持这一观点的人有王国维、蔡元培等。

以上种种观点均对美育的内涵与概念进行了深入的研究与高度的概括，这种定义方式能够突出概念的重点，但难免会出现以偏概全的现象。无论是德育、艺术教育还是情感教育，它们都是美育的组成部分，是美育的实践途径之一，并不能代表美育的全部。

美育不仅仅是提升人的审美水平，也不仅仅是提升人的价值判断能力，更不仅仅是培养人们具体的艺术技能。美育是一个完整的培养系统，在这个系统中，不仅包括审美思维、审美技巧的培养，还包括对人创造美的能力的培养与提升。在美育实践中，美的含义也是包罗万象的，既包括思想道德、审美素质、美感等主观素质，还包括绘画、音乐、舞蹈、雕塑、文学等具体领域。

综合中外美育的观点，我们对于美育的定义是，美育是运用实践生活中的社会美与自然美，传授正确的审美观点，增强人的审美能力，提升人的审美水平，构建人的审美意识与自觉创造美的意愿，培养人创造美的能力，促进个体人格完善与整体素质提升的过程。

[①] 赫尔巴特.普通教育学[M].李其龙,译.北京：人民教育出版社,2015：28-35.

（二）美育的意义

从概念的角度考察美育，在能力与素质方面，美育对于个体审美能力的建构与审美水平的提升具有重要意义。在具体的知识体系方面，美育包含众多知识领域，特别是对于个体艺术素养的提升具有重要的作用。美育对于个体与社会的发展具有重要的意义，具体内容如图1-4所示。

美育的意义
- 01 美育是情感教育的重要途径
- 02 美育有利于激发人的创造热情
- 03 美育有利于完善人的道德与人格
- 04 美育对于艺术人才的培养具有重要意义

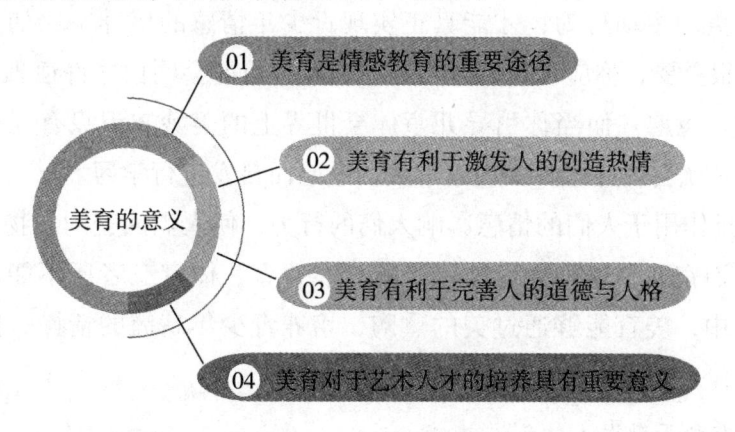

图1-4 美育的意义

1. 美育是情感教育的重要途径

情感是人对客观事物是否满足自身需求所产生的态度体验，在人的心理结构中占据着十分重要的位置。情感最突出的特点在于其主观性，情感不是对某一事物简单的认识，而是人对客观事物所持有的一种主观态度，这种主观态度是有价值判断在其中的，是能够反映人的主观需要与客观事物之间的关系的。爱慕、愉悦、厌恶、恐惧等均体现了人们对待客观事物的态度，属于人们的情感范畴。情感与情绪最大的不同体现在，情绪侧重于个体欲望的态度表达，而情感更侧重于个体社会层面的态度体验，情感与人类的社会实践之间的关系更为密切。

作为一种意识范畴，情感不仅是人们对社会实践的认识，还能反作用于实践，指导人们的实践活动，推动人们进行行为选择。人们的意识来源于社会实践，人可以根据自己的意识，通过具体行为实现自身的目的。情感是人们行为的动机，没有情感力量的推动，就难以实现人们从意识到行为的准确转化。

在人类的知、情、意三种心理功能中，情感发挥着桥梁与纽带的作用，情感对于人的全面发展具有重要的意义。青少年正处于道德与人格的构建期，在这一阶段，情感教育是必不可少的，缺少了情感教育，就会影响青少年的心理构建，不利于青少年的成长与发展。

对于青少年进行情感教育的重要途径就是美育教育。单纯的理论说教难以实现情感培育的目标，必须使青少年对美的事物产生亲身体验，使其发自内心地开展追求美的主动行为，才能真正实现青少年情感的培养。比如，当你对儿童说"学习很重要，你应该努力学习"时，儿童可能会明白些许道理，但不能形成主观的学习意愿。而当你引导儿童体会世界上的美妙知识只有通过学习才能获得时，儿童就会因为想要实现追求美的意愿而自发进行学习。

美育通过作用于人们的情感影响人们的行为，使人们因美的事物而动容，为美好的追求而奋斗，这种教育作用是德育、智育、体育三者所不能取代的。在中小学教育中，美育能够通过美的熏陶，培养青少年高尚的情操，使高尚的情感得以发扬，是青少年教育中必不可少的环节。

2. 美育有利于激发人的创造热情

美育对于个体情感的影响，不仅仅是陶冶人们的情操，人们通过美育深化对于美的认识，这种认识能够引发人们对于美的追求，进而激发人们创造的热情。美育的这种激励作用，是美的感染性的具体体现，同时也是科学创造的驱动力之一。

纵观人类漫长的发展历史，我们可以发现，人们在追求美的过程中，不断进行着创造，推动着自我的实现与社会的发展。美是一种价值判断，人们追求美的过程则是一种价值选择，人们以美为目标，进行实践活动。无论是科学家、艺术家、文学家还是政治家，他们中的许多人都怀揣着对于美好目标的追求，艰苦奋斗，舍身拼搏，以实现自身的价值追求，而这个过程，本身就是价值创造的过程。

以科研工作为例，科研工作者的实践活动普遍具有明确的目标指向，这些目标就是科研工作者的价值追求之所在，是美在科研领域的具象化。科研工作者们为追求并实现科研目标，勇敢面对困难，不惧挫折，舍身奋斗，如钱学森、玛丽·居里、阿尔伯特·爱因斯坦等。对于美的追求激发了他们巨大的创造力，使他们能够忍受艰难困苦，并最终实现人生的价值。

美育对于人们创造力的推动作用体现在各个领域，这是美之所以为美的重要体现，这是美育的重要现实意义。人们以美为目标进行创造性实践的过程，是人类历史发展的重要驱动力，同时也是一曲伟大的赞歌。

3. 美育有利于完善人的道德与人格

道德与审美相辅相成，道德情感、道德理想、道德判断与道德选择使审美情感、审美理想、审美判断与审美选择在很多情况下是统一的。因此，人们在进行审美教育的同时，也是在进行道德教育。

在中小学美育中，我们教育青少年热爱并追求美好的事物，厌恶并远离丑恶的事物，这本身就是道德教育的重要内容。美具有社会性，当我们对社会美进行评判的时候，往往也是在对社会道德进行评判。

审美教育有助于道德教育的实现，抽象的道德条文一般诉诸人的理智而非情感，但这种只诉诸理智的教育不利于加深人的体验。若想更好地实现道德教育的目标，就需要从情感的角度入手，以美育促进德育。美育重视人们的情感体验，通过美育，可以深化人们对于道德的情感体验，促使人们对正确的道德观产生喜爱、崇拜之情，对错误的道德观产生厌恶之情，通过美育与德育之间紧密的联系，帮助人们树立正确的道德理想，使人们在生活中能够做出正确的道德判断与道德选择。

4. 美育对于艺术人才的培养具有重要意义

艺术是与美育联系最为紧密的领域之一。艺术是美的集中体现，是美最为基础、最为直观的表现形式之一，审美教育是艺术人才培养的重要前提，艺术人才首先需要明确何为美，才能进行美的创作。

美是在人类长期的历史发展中逐渐形成的。由于美具有社会性与创造性，因此，人的审美能力不是与生俱来的，而是在社会审美的实践的过程中逐步培养起来的。特别是艺术人才的培养、艺术人才的成就与其接受的审美教育关系密切。

在艺术领域，人们通常会关注天分的重要性，这其实是对天分的一种夸大，天分固然是影响艺术人才成长的因素之一，但不是最关键的因素，艺术人才的成就与其后天接受的训练和自身的努力密不可分。天分强如莫扎特，从小便对音乐有着敏锐的感知，并在少年时期就能熟练演奏多种乐器，被欧洲人称为"神童",也离不开其父亲的悉心培养。莫扎特的父亲本身就是一位出色的宫廷乐师,从莫扎特小的时候开始,他的父亲就对他进行严格的音乐训练,在培养其音乐审美能力的同时,训练他的乐器演奏技巧,莫扎特在各国演出时又得到了多位音乐家的指导和帮助。莫扎特如果离开了这样良好的音乐培育环境,想必也难以取得他后来的成就。

从莫扎特的例子我们可以看出,美育对于艺术人才的培养具有十分重要的意义。美育能够为艺术人才奠定坚实的审美基础,提供良好的成长环境,帮助艺术人才在美育的过程中逐步提升自身的艺术素养和审美水平,实现自我的发展。

三、美学与美育

(一)美学与美育的联系

1. 内容主体的关联性

美学与美育之间具有密切的联系,这种联系主要表现在主体的关联性,美学与美育均重视对于美的研究。这里的美不仅是色、形、声等具体的美,还包括品德、思想、审美活动等。

美学是研究美的科学,美伴随着人类的社会实践而产生、发展。在这一过程中,人类逐渐丰富对美的概念的认知,使美逐渐从抽象的概念中脱离出来,成为一个明确的概念,而美学正是在此基础上对美展开研究的科学,伴随着人们对于美这一概念认知的加深与研究的深入而产生并发展。美育则是美学在具体的人类审美素质培育方面的体现,审美是人们对于美的认知,是一种人类主观的心理活动和行为实践的过程。美育的作用是教给人们认识何为美,如何践行美,美育内容的主体是美,这里的"美"与美学的"美"在内涵上具有一定的相似性,既包括艺术美、自然美等形象之美,也包括道德之美与审美活动。因此,就作为内容主体的美而言,美学与美育具有重要的关联性。

2. 对于审美的重视

美学与美育的关联性还体现在审美活动上。人类的审美活动及其规律是美学重要的研究对象,而美育的重要组成部分就是对人审美素质的培育,美具有社会性,可以说,美与审美活动是共同来到这个世界上的,倘若没有审美活动,

人们在不同历史时期的审美方式、审美水平、审美能力是不同的，但倘若没有人们的审美活动，美也就失去了存在的意义，这是美社会性的重要体现。因此，无论是美学还是美育，都十分突出审美的重要性，这也是美学与美育重要的联系。

（二）美学与美育之间的区别

1. 所属范畴的区别

美学与美育之间最为显著的区别就是所属范畴不同，美学是研究人与世界审美关系的一门学科，即美学研究的对象是审美活动，美学从美的角度审视人类的审美活动及其规律，属于哲学的范畴。

美育是审美教学与美感教学的结合，通过教育提升人们认识美、理解美、欣赏美、创作美的能力。其中，艺术是美育最集中、最典型的形态，属于人才培养的具体方式。

美学与美育虽然在主题内容上都是关于美与审美的研究，但是双方一个属于哲学范畴，对于美的内涵及审美活动展开深入研究，另一个属于人才培养的范畴，强调对与人们审美素质的培养和提升。由于所属范畴不同，美学与美育在研究方向上存在巨大的区别。

2. 突出重点不同

美学研究的重点在于美的内涵与审美，通过与哲学、心理学、艺术学等领域的充分融合，探究美的内涵，分析审美活动，美学的理论性较强，作为哲学的二级学科，美学是高等教育所设立的专业。而美育作为一种审美素质的培育方式，则是贯穿整个学生时代。美育不是一门具体的专业，而是一种人才培养理念，需要融入课程之中。美育是通过教育提升人们认识美、理解美、欣赏美、创作美的能力，是新时代培养德智体美劳全面发展的社会主义建设者和接班人的重要着力点。由于人的审美素养是需要逐渐培养的，因此，美育的开展时间较早，由于青少年的心理状态比较敏感，且处于人生观、世界观和价值观的构建初期，因此，中小学阶段的美育对于人的发展非常重要，科学开展中小学美育可以促进青少年健康的成长。

由此我们可以看出，美学在教育领域是一门学术性较强的专业，属于哲学的二级学科，重视学术研究，理论性较强，而美育作为一种育人理念，重视对于人审美素质的培养和提升，与教育学息息相关。

第三节　美育的产生和发展

一、美学的"美育"化

（一）西方美学的"美育"化

席勒在《美育书简》中首次提出了美育的概念并对其内容进行了阐释，但西方现代美育理论的源头则可以追溯到康德。康德提出的"自然向人的生成"的哲学命题，使审美活动成为从自然人迈向道德人、从认识能力过渡到道德行动的中间环节。[①] 康德对于美学的哲学论述，第一次将美学从认识论转到了价值论，超越了单纯的思辨，同时也开启了西方现代美学向美育转化的道路。

席勒正是基于康德的美学思想而提出了以美育为核心的人性教育逻辑。席勒认为只有通过将人培养成审美的人，才能实现从感性的人到理性的人之间的过渡。[②]

康德和席勒从美学的本质出发，探求美学与人类发展之间的关系，使美学不再是遥不可及的抽象概念，而是能实际指导人类实践活动，促进人的发展的科学。席勒在前人美学研究基础上总结出来的美学联系实践的发展路径就是美育。美育通过培养和提升人们的审美素质与创作美的能力，实现人类个体与社会的进一步发展。在席勒提出美育的思想之后，美育逐渐在世界范围内铺展开来，并实现了长足的发展。[③]

（二）中国美学的"美育"化

中国现代美学发展的大背景是侵略与反抗并存、腐朽与新生博弈的近代中国，谋求自强的知识分子将中国的现实问题产生的根源归结于传统思想文化的

---

① 康德.判断力批判 上 审美判断力的批判[M].韦卓民,译.北京：商务印书馆,2017：33-78.
② 席勒.美育书简[M].徐恒醇,译.北京：中国文联出版社,1984：100-109.
③ 徐承.比较视域中的美育哲学[M].上海：上海三联书店,2019：107-110.

禁锢与腐朽、专制统治的压迫，认为医治中国的痼疾，首先要打破封建传统思想的桎梏，解放人们的思想，而美学正是解决这一历史问题的最佳承载者之一，知识分子将美学转换成通过审美教化进行国民性改造的思想实践形式，使美学与政治紧密联系在一起，这也是中国美学美育化的重要原因。

中国美学的功利化论述在近代知识分子群体中广泛存在。王国维认为，艺术之神圣与尊贵，正在其"无与于当世之用"[1]，即美学与审美应该具有一定的独立性，不受政治与道德所绑架。同时，王国维还表示，审美的真正价值在于慰藉和满足人类的情感，因为只有审美才能让人挣脱物质世界的利害关系，达到"高尚纯洁之域"[2]。由此可见，王国维认为审美活动能对人的人格与精神起到重要的陶冶作用。

梁启超同样重视美的育人功能，梁启超认为文学作品的审美价值在于能够促进人格的培养和社会的改造，并把"趣味"提升到了相当高的高度，认为"趣味"是人们生活的原动力[3]。梁启超的美学思想具有显著的功利主义特点，其功利主义美学体现了中国近代美学的价值论思维，即运用审美的力量培养人的品格、完善人的心理、启发人的思维，并以之为基础实现整个中国社会的变革。

蔡元培同样也对中国的美学发展做出了重要的贡献，集中表现在其对美育学科的建设和对美育精神的宣传上。蔡元培在努力传播美学学科理论的同时，对于美学的价值进行了详细的探究，强调了美学在人格培养和文化建设方面的作用，充分肯定了美学的美育功能。[4]

蔡元培对于知识谱系与教育活动的理解也对其美与理念产生了深刻的影响。蔡元培认为，相比于纯粹的理论知识建构与研究，将抽象的知识具体到实际教学过程当中更符合中国发展的需求，这种需求正是人们世界观和价值观的现代化发展，是一种具有现代进步属性的精神力量，而美正是这种精神动力的情感源泉，通过美育丰富、鼓舞人们的精神力量。[5]

---

[1] 王国维.美学三境[M].苏州：苏州古吴轩出版社,2022：2-4.
[2] 王国维.论教育之宗旨[J].中华活页文选(教师版),2018,(06)：1.
[3] 王楠.怡情之美 梁启超美学精选集[M].长春：吉林人民出版社有限责任公司,2021：191-195.
[4] 蔡元培.蔡元培文录[M].北京：商务印书馆,2019：155-165.
[5] 蔡元培.蔡元培文录[M].北京：商务印书馆,2019：155-165.

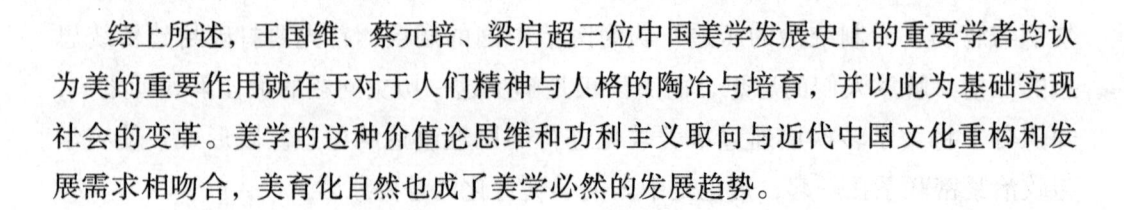

综上所述，王国维、蔡元培、梁启超三位中国美学发展史上的重要学者均认为美的重要作用就在于对于人们精神与人格的陶冶与培育，并以此为基础实现社会的变革。美学的这种价值论思维和功利主义取向与近代中国文化重构和发展需求相吻合，美育化自然也成了美学必然的发展趋势。

二、美育的发展历程

（一）西方美育的发展历程

美育思想的由来已久，古代东、西方均有关于美育的思想。但是，美育作为一个独立且完整的概念的提出，是从席勒开始的，席勒在《美育书简》中明确了美育的概念。自此，美育真正从美学研究中独立出来，成为一个专门的研究领域，并逐渐发展出自身的特色，形成相对独立的研究体系。

在近代西方，由于生产力水平的提升，社会的各个方面都发展迅速，进步显著的不仅包括生产技术，还包括社会文化、教育、艺术等各个领域，人们思想水平的提升也促使人们对于美育的重视程度不断提升，突出的表现就是在这一时期，涌现出大批重视美育教育的大教育家，如扬·阿姆斯·夸美纽斯、席勒、赫尔巴特、第斯多惠等。随着教育家对于美育关注程度的提升，美育的内容与相关理论得到了很大程度的提升，美育的范围较之古代也大大地扩大了。

科技的迅速发展，一方面给人类社会带来了巨大的物质财富，另一方面也为人类社会的发展带来了许多新的问题与隐患，这些隐患突出表现为社会矛盾的激化和思想道德危机。为了解决工业时代给人们带来的诸多问题，越来越多的思想家和教育家开始将目光投向美育的发展，人们开始从多学科、多角度审视美育，强调美育与德育、智育的协调发展，将美育提升到一个相对较高的教育地位。

（二）中国美育的发展历程

在中国，美育的发展也经历了一个相对漫长的过程，中国的美育思想提出较早，但是中国美学学科的建立与现代美育体系的发展相对较晚。

中国的美学思想同西方的美学思想一样源远流长，从先秦时代开始，中国就产生了以儒、道两家为代表的美学思想，这一时期的美学思想主要从美与善的

关系入手进行讨论。儒家强调美与善的统一，重视审美与艺术的道德伦理作用，道家则强调美是一种自然无为、在精神上获得绝对自由的状态。在先秦两汉时期，美学思想一开始便与哲学伦理结合在一起，或是与艺术理论批评结合在一起。中国美学思想的这个特点一直延续并强化着。

在这一时期，美育的思想也开始逐步成型，以儒家为主，儒家思想中对教育的论述多以培养人建立儒家倡导的仁、义、礼等价值观为主要观点，而在这一时期，善与美之间的关系十分密切。因此，这一时期儒家倡导的教育方式，是带有美育性质的。

其实，中国的美育最早可以追溯至周代，早在周代，中国就形成了用"六艺"（礼、乐、射、御、书、数）对贵族子弟进行教育的体制。之后，无论是两汉的赋，魏晋南北朝的辩谈、书画与雕刻，唐宋的诗词，元明清的戏曲与小说，还是历代的建筑、园林、工艺品，都对人们起着广泛的审美教育作用。

中国近代是中国现代美育思想的形成时期，王国维、蔡元培、梁启超等美学大家都对美学的美育作用进行了详细的阐释，指出美育对于人格培养和社会变革具有巨大推动作用，具体内容我们在前文中已经做过详细介绍，这里不再过多赘述。除了以上三位外，中国近代还有许多学者和教育家重视美育的问题，在西方教育思想和美学理论的影响下，美育的内容不断丰富，逐渐成为中国教育体系中重要的组成部分，并被广泛付诸教育实践，并逐渐形成了中国现代的美育体系。

中华人民共和国成立后，美育迎来了蓬勃的发展，1986年，第六届全国人民代表大会第四次会议通过的《中华人民共和国国民经济和社会发展第七个五年计划》中明确指出："各级各类学校，都要加强思想政治工作，贯彻德育、智育、体育、美育全面发展的方针，把学生培养成为有理想、有道德、有文化、有纪律的社会主义建设人才。"美育的重要性已经受到越来越多的关注。

美育是素质教育不可缺少的一个重要方面，也是精神文明建设的一项重要内容。中共中央1993年颁发的《中国教育改革和发展纲要》中明确指出："美育对培养学生健康的审美观念和审美能力，陶冶高尚的道德情操，培养全面发展的人才具有重要作用，要提高认识，发挥美育在教育教学中的作用，根据各级各类学校的不同情况，开展形式多样的美育活动。"

1999年召开的第三次全国教育工作会议颁布的《中共中央国务院关于深化

教育改革推进素质教育的决定》中也指出："美育不仅能陶冶情操，提高素养，而且有助于开发智力，对于促进学生全面发展具有不可替代的作用。要尽快改变学校美育工作薄弱的状况，将美育融入学校教育全过程。"上述教育改革和发展的纲领性文件，明确把美育作为全面贯彻教育方针、实施素质教育的一项重要内容，肯定了美育在培养高素质人才过程中不可忽视的作用和无法取代的地位。

改革开放以来，"以人为本"的理念成为教育领域重要的指导思想，教育的目标是促进学生的发展，而学生的全面发展是德、智、体、美综合素质培养和提升的过程，不能仅靠文化课教学来实现。新时代以来，党和国家将美育摆在了更加重要的地位，人们越来越重视美育对于人发展的作用，美育的重要性不断提升。

第二章　美育的内涵

要想推进中小学美育的开展，就必须对美育的内涵有全面、深入的了解，明确美育的基本内容、特点、任务与原则，只有这样，才能切实保证美育工作的正常推进，才能保证中小学美育能够实现理想的育人效果。

第一节　美育的任务

美对应人的感性世界，但能够对人的理性认识与社会实践起到巨大的推动作用。美育的任务就是提升人们的审美素质，使人们能够保持正确的审美判断与审美选择，能够在美的指引下更好地展开实践活动。美育的任务如图 2-1 所示。

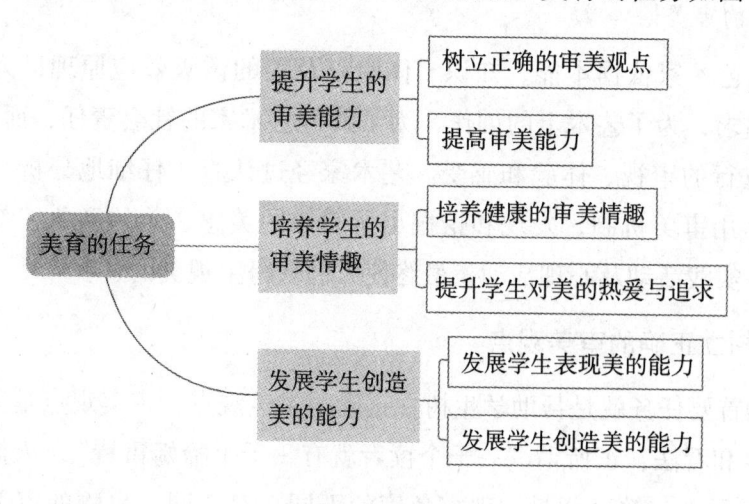

```
                    ┌─ 提升学生的 ─┬─ 树立正确的审美观点
                    │   审美能力   └─ 提高审美能力
                    │
        美育的任务 ─┼─ 培养学生的 ─┬─ 培养健康的审美情趣
                    │   审美情趣   └─ 提升学生对美的热爱与追求
                    │
                    └─ 发展学生创造 ─┬─ 发展学生表现美的能力
                        美的能力    └─ 发展学生创造美的能力
```

图 2-1　美育的任务

一、提升学生的审美能力

（一）审美的含义

1. 广义的审美

审美是人类的一种特定思维活动，是人类的一种普遍的社会实践活动。审美是对美的一种泛化，它将美赋予大自然的万事万物，赋予人类社会的方方面面。

审美是一种人生体验活动，它也是人类的基本的社会实践活动之一。人生与大自然的关系，是通过人生体验、感知和认知的，它是建立在人类的基本的社会劳动实践活动基础之上的，审美则是人生体验的重要内容之一。

审美是人类的本性追求，审美是人类的天性，审美是一种人类的精神需要，是一种精神追求，是一种价值追求，是丰富人的精神生活、提高人的生活质量的需要。审美是一种人的生命属性。

审美是一种人类的文化活动内容，它在人类历史的发展上，始终受到人类文化环境的影响。因此，审美活动具有社会性、历史性、时代性、民族性、阶级性等性质，也是一种社会属性。

审美还是人类大脑的一种基本功能，它对大脑整体具有舒缓、转移、调剂、平衡、恢复、修复等功能，有利于大脑的有效、合理利用。

2. 狭义的审美

审美是艺术家依据本能、知识、体验以及美的诱吸效应原理，为了精神上的愉悦与追求，为了艺术上的创作，为了践行艺术家的社会责任，而对大自然、人类社会进行的审视、体验和感受。艺术家经过认真、仔细地分析、推敲和研究之后，运用审美机制，发现和挖掘出所感知的美感、美的形象、美的观念的认知活动、实践活动及心理活动，最终使人们获得主观美的过程。

（二）树立正确的审美观点

美育的首要任务就是帮助学生树立正确的审美观点。审美观点是人们对美所持有的态度和看法，正所谓"一千个读者就有一千个哈姆雷特"，人们由于成长环境、生活环境、教育背景、观察角度的不同，对待同一事物的审美观点也会不同。

审美观点受多方面因素影响，在以价值多元化为特点的今天，审美的多元化表现得更是突出。多元化可以促进思想的百花齐放，具体到教育领域，可以拓展学生的思维、开阔学生的视野，但是多元化也带来了一些弊端，如文化入侵、认知模糊、认同感丧失等。

美育的任务是提升学生的审美素质，而提升审美素质的首要环节，就是帮助学生树立正确的审美观点，让学生知道何为美，何为不美。只有树立了正确的审美观点，学生才能正确地开展审美活动，否则，若在审美观点和审美判断环节就出现问题的话，那么学生之后开展的一系列审美活动就无异于南辕北辙。

（三）提高审美能力

在正确的审美观点确立后，下一步就是要提升学生的审美能力。只有审美能力而无正确的审美观点的引导，学生的审美活动将偏离正确的发展方向。而若只有正确的审美观点而无审美能力，那么学生的审美活动就会如枯树的枝干，毫无生机。

审美能力是以审美趣味为核心的对对象的一种感悟能力，不具备一定审美能力的人是难以产生深广的审美情趣的，没有审美能力，人们就难以感受到世界上的美。一个对生活与艺术缺乏热爱的人，就很少或者几乎没有追求美的闲情逸致，缺乏探求美的动机，这种审美趣味缺乏的情况，突出表现为审美能力的低下。

一般来说，很少有人会缺失审美趣味，美是伴随着人类实践的发展而产生和发展的，逐渐成为人类社会意识的重要组成部分，而人社会意识的形成一般也会伴随着审美能力的形成与发展。当然，审美能力之间亦有区别，审美能力有高下、粗细与文野之分，审美标准可以根据审美主体的不同朝多元化方向发展，但是审美能力本身作为一种能力体系，需要一定的训练与培养。审美能力的培养和提升主要有以下两种途径。

一是通过生活实践来提升审美能力。人们在具体的生活实践中，在与人的交流中，在欣赏大自然的过程中，在对艺术作品、文学作品的观察中，通过身心感受以及与他人的充分互动，提升对于美的认识，逐渐培养和提升自身的审美能力。

二是通过美育来提升审美能力。提升学生的审美能力是美育的核心任务之一，审美能力是学生审美活动的主要构成部分，是学生的主观审美因素中的主体因素，因此，美育特别重视对于学生审美能力的培养。

二、培养学生的审美情趣

（一）培养健康的审美情趣

美作为一种感性价值判断，作用于人的感性认知，审美情趣与审美判断关系紧密，反映着人们对于美的情绪体验。

审美情趣往往带有浓厚的个人主观色彩，这既是审美情趣多元化的基础，同时也容易导致审美情趣出现偏差，产生不健康的审美意识。不健康的审美意识有的是受到不健康的审美环境所影响，有的是因为缺乏正确的审美引导。因此，若想培养学生健康的审美情趣，就需要充分发挥美育的作用，为学生提供正确的审美引导。

在引导学生培养健康的审美情趣时，要注重引导他们对于美的、高尚的、和谐的事物的爱好和追求，以便学生培养健康的审美情趣与高尚情操。审美情趣直接影响人们的审美判断，审美判断将对学生的审美追求、审美观念、审美选择、价值取向、行为方式等一系列社会意识与社会实践产生重要的影响。因此，学校应该重视对于学生审美情趣的培养，引导学生培养健康的审美情趣，提升审美欣赏水平。

（二）提升学生对美的热爱与追求

培养学生健康的审美情趣，表现在具体的美育措施与美育成果上，就是激发学生对于美的热爱与追求。

健康的审美情趣对于人具有重要的感染性，因为感染性是美的重要特性，而健康的审美情趣正是发挥着引导学生发现美、热爱美、追求美的作用。美的事物是人们所热爱、追求的，这里的美指的是符合社会普遍价值判断、符合社会普遍道德标准、符合社会与人发展的普遍要求的情感认知和价值判断。

美既是一种价值判断，同时也是一种价值引导，对于美的热爱与追求可以促使人进行积极的认识世界与改造世界的活动。对于美的热爱与追求可以为人们改造世界的实践提供正确的引导。对于美的热爱与追求可以帮助人类社会构建

和完善符合社会普遍价值观的道德体系。因此,提升学生对于美的热爱与追求,对于学生的成长与发展、道德体系的完善、世界观与价值观的构建十分重要,是美育的重要任务。

三、发展学生创造美的能力

(一)发展学生表现美的能力

美不仅仅需要发现,还需要表现,美本身的感染力促使人们崇拜美、追求美,人们在追求美的过程中,将美的品质与内涵融入自身的发展,与自身特质相融合,表现出独特的美。这种美兼具人类个体的特征与人类社会的普遍价值认同,在表达个体自身价值取向与审美判断的同时,为社会增添了更多美的元素。

学生的美表现在很多地方,既有外在的形象,也有内在的品德、修养。在中小学阶段,外在美主要体现在仪表是否得体、生活环境是否整洁等方面,仪表得体不仅仅是爱护自身形象的表现,同时也是对他人的礼貌,这里的仪表形象指的是整洁、得体,而不是盲目攀比。生活环境的整洁则有利于学生良好生活习惯的养成。

培养和发展学生表现美的能力,要帮助学生在日常生活中处处体现美,注意仪表的得体、行为举止的文明、待人接物的礼貌、生活环境的整洁、自然环境的保护与美化等;还要鼓励学生积极参与艺术欣赏与表演的活动,在活动中勇敢展现自己的美。

(二)发展学生创造美的能力

美育不仅需要帮助学生欣赏美、表现美,还需要培养和提升学生创造美的能力。

美具有创造性,美是人类实践活动发展的结果,是人在审美过程中对于客观世界的主观改造。美作为一种符合社会普遍价值认同的价值判断,不仅仅是一种可望而不可即的客体,人们审美的过程同时也是人们寻找价值认同的过程,人们在寻找价值认同的过程中,会将有利于社会发展、符合社会道德认同的美的事物融入自身的行为体系、价值体系与道德体系中,而这些属于意识范畴的蕴含着美的观念的思想道德体系，会反过来指导人们的实践，使人们的实践活动能够体现对于美的追求，在这个过程中，美的创造性实践就形成了。

创造美的另一种途径是，人们对于美的追求与人们的行为目标体系直接产生联系，人们在具体目标的指引下展开创造性实践，在实现目标的过程中创造了具有美的性质的事物或价值。

美育对于学生的审美意识与实践行为具有重要的影响。引导学生辨别美、发现美、鉴赏美、体现美及创造美是美育的重要任务，其中，创造美的能力体现着学生综合的审美素质，是审美教育成果的集中体现。

培养和提升学生创造美的能力，一般从以下四个途径展开，具体内容如图2-2所示。

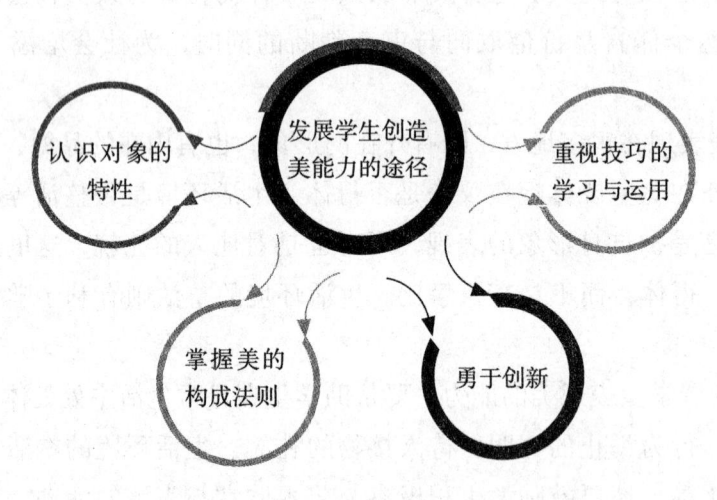

图2-2 发展学生创造美能力的途径

1. 认识对象的特性

培养和提升创造美的能力，首先要对物质对象的特性、特点、结构、形态等有深入的认识与整体的把握。这是创造性活动科学性与合理性的重要保证，在创造美的过程中，要在对客观对象有准确认识的前提下，充分发挥主观能动性，进行美的创造。

2. 重视技巧的学习与运用

技术并不等于技巧，只有熟练而灵活地运用技术，"巧"才能体现出来。日常所说的"熟能生巧"就是这个意思。传统美学中所说的"指与物化"，也是说

手指的技艺达到了能制造对象的高度。

因此，在培养和提升学生创造美的能力时，应该重视技巧的教学。当然，没有技术的培养就不会有技巧的形成，美育活动应该以培养学生创造美的技术为基础，进而提升学生的技巧。

3. 掌握美的构成法则

培养和提升创造美的能力，需要掌握美的构成法则，这里的美指的主要是形式美。

形式美作为能够被人们直接观察的美，其结构一定不是杂乱无章的，而是有规律可循的。这种规律既包括尺度、比例、节奏、韵律等表象规律，也包括种种作用于人们感性认知的内在规律。这些规律的组合与运用，就是形式美的构成法则。学生通过美育掌握形式美的构成法则，从造型的美探索其功能的美，并可以自如运用美的构成法则去创造美。

4. 勇于创新

创造美的过程离不开创新，美的创造往往是以创新为前提的。无论是物质产品，还是艺术作品、思维与意识，它们永远不会停滞不前，而是一直处于运动、变化和发展之中。

美的发展离不开创新，随着时代的发展与科技的进步，产品与信息的更新速度不断加快。只有不断地创新，才能使美与时俱进，不落后于时代发展的脚步。

第二节　美育的内容

一、美育的基本类型

美育的内容涉及领域广，课程体系不固定，虽然看似纷繁复杂，但也是有迹可循的，根据划分标准的不同，美育的内容存在不同的划分方式，具体内容如图 2-3 所示。

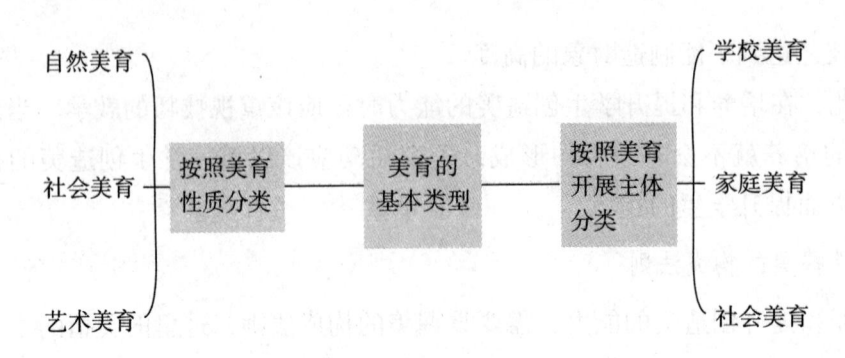

图 2-3　美育的基本类型

（一）按照美育开展主体分类

1. 家庭美育

（1）家庭美育的重要性。家庭是人生的起点，是教育的起点，家庭环境对学生的影响是不可忽视的，家庭是塑造学生性格、培养学生品格的重要环境，同时也是学生知识的重要来源。家庭在某些方面对于学生的教育作用，甚至是学校和其他的教育机构所无法替代的。家庭是一个具有面对面交往特点的初级群体，家庭成员在地理空间上充分接近，互动频率高。家庭教育对个体的社会化作用至关重要。

家庭是教育的起点，自然也是美育的起点，在人们的日常生活中，每个家庭都在进行着不同类型、不同程度、不同方式的美育，只是家庭美育的过程与日常生活紧密相连，因此不易被人们所察觉。因此，家庭美育对人的影响是潜移默化的，这种潜移默化的影响会在无形中影响人们的价值判断、审美判断、道德认知、生活态度、处事方式、心理状态，等等。因此，家庭美育对于个人的成长十分重要。

（2）中国古代的家庭美育。中国的家庭美育源远流长，最早可以追溯至氏族公社时期，人们在举行庆典与祭祀活动的时候，普遍会在自己身体上或者工具上装饰带有一定审美性质的石器、骨器，或绘制具有特定象征意义的花纹。

舜承帝位后，推行"五常"之教，这是中国有文字记载的最早的家庭美育。自西周以后，中国的家庭美育开始蓬勃发展，早期中国的教育以家庭为主，因此，美育多是以家庭美育的形式开展。春秋战国时期，诸侯重视家教，这一时期的家教，既是提升贵族"六艺"修养的主要方式，同时也有维护统治阶级利

益、永保世袭的考虑。此时的民间同样也重视"家业世传"，士、农、工、商各阶层所掌握的产业、文化、知识、技能都在家庭成员间传递，形成明显的社会分工。

汉代以后，家庭教育的受重视程度逐渐提升，家庭美育逐渐发展成熟。大量的文学家、政治家、艺术家都有着深厚的家学渊源，比较典型的例子有曹操、曹丕、曹植父子兄弟，三人是建安文学的代表，并称"三曹"，对当时的文坛以及中国的文学史具有很大的影响。南梁的萧衍、萧统、萧纲、萧绎父子兄弟，对宗教的研究和南北朝文学的发展做出了重要的贡献。宋代的苏洵、苏轼、苏辙父子兄弟，具有极高的文学造诣，并称"三苏"，在唐宋八大家中占据三席，在中国的文学史上留下了浓墨重彩的一笔。这些在一两代人之间集中出现优秀文学家的案例体现了中国古代家庭美育的不断发展和完善。

（3）家庭美育的内容。家庭美育的内容是建立在家庭的日常生活基础之上的。家庭日常生活的内容极为丰富、广泛、具体，并处处渗透着感情的因素，对家庭成员尤其是孩子施加着全面入微的深刻影响。家庭美育的主要对象是孩子，父母则是家庭美育的天然教师。应该把家庭日常生活看作一种教育，从这里找到家庭美育实施的途径。

首先，家庭是人们最早接触知识的地方，父母是孩子的启蒙老师，孩子早在接受学校的系统知识教学之前，就从父母、长辈那里学习到了一定的知识，即便是进入学校以后，学生的知识仍有一部分来源于家庭。家庭中长辈的阅历、掌握的知识、对于具体问题的观点都能对学生的学习起到帮助作用，家庭教育是学校教育的重要补充。

其次，家庭美育对学生重要的影响就是影响学生性格的确立与思想道德体系的构建。相比于学校，家庭美育不具备完整且专业的知识体系，但是，由于家庭具有特殊性，是学生生活环境的核心组成部分，因此，家庭成员之间的关系、相处方式、为人处世、道德认知对学生人格的完善具有重大的影响。

比如，和睦的家庭关系能够帮助学生将更多的精力放在学习与提升自我的活动当中，能够促进学生形成积极乐观与活泼开朗的性格。反之，如果家庭成员之间的关系并不和睦，父母经常吵架，则会对学生的生活与学习状态产生不利的影响，容易造成学生性格孤僻怪异、冲动易怒。在冷淡的家庭关系或者家庭成员给予关注较少的家庭环境中长大的孩子，一般会具有较强的独立性与刚毅的性格，但容易产生性格缺陷。

再如，父母对于孩子的教育理念与教育方式对孩子的成长具有十分重要的影响。父母为孩子树立正确的道德观，在孩子犯错时，既不打骂，也不纵容，而是动之以情、晓之以理，帮助孩子构建正确的道德体系，这样家庭教育环境下的孩子，更容易形成正确、积极的世界观、人生观和价值观。而动辄打骂孩子，或者溺爱孩子的行为，不利于孩子正确价值观的确立，会对孩子的心理健康产生不利影响。

总而言之，家庭作为学生生长生活的环境，对于学生人格的确立与自我的发展具有重要的影响，做好家庭美育，是每一个家庭成员义不容辞的责任。

2. 学校美育

（1）学校美育的重要性。学校是学生获取知识的主要场所，这里的知识既包括各种文化课程知识，也包括美育知识。相比于家庭美育是对学生产生潜移默化的影响，学校美育则是对学生的审美知识、审美能力和创美能力进行直接、系统的培养。

学校的主要任务就是传授知识，因此，学校是学生具体美育知识的直接来源。在学校中，学生可以进行系统的人文与科学知识学习、艺术课程学习、道德知识学习，这是家庭美育与社会美育所不具备的，或者说，学校美育相较于家庭美育与社会美育，其最大的优势就是美育内容的系统性与全面性。

（2）中国古代的学校美育。学校美育作为中国传统美育的主要形态之一，具有悠久的历史。成均，相传是五帝时的大学，在董仲舒《春秋繁露》中记载："成均，为五帝之学。""董仲舒曰：五帝名大学曰成均。"此语见于《礼记·文王世子》郑玄注；又《周礼·春官下》郑玄注："董仲舒曰：成均，五帝之学。"可见"成均"可被认为是中国最古老的学校。随着社会的发展，夏、商、周而后学校制度日益完备，而学校美育的分科也日益细密，礼、乐、书、射、御、数六艺无不贯穿着美育的内容。[1]

随着时代和学校组织形式的不断发展，学校美育的内容逐渐丰富、细化，至周代，学校开始教授"六艺"，分别为礼、乐、射、御、书、数。但此时学校教育的对象主要还是贵族子弟，学校美育的范围相对较小。至春秋战国，学校美

---

[1] 田建荣.高等教育学基础[M].西安：陕西师范大学出版总社，2018：42-43.

育才逐渐在社会范围内铺展开来。

汉朝在中央设立官学大学"太学"、外戚子弟设"四姓小侯学"、地方设立的专科学校"学",县、道、邑设立的中学"校",乡、村的小学"痒""序",以及私学中小学设立的"书馆"。这些学校都以《诗经》《尚书》《礼记》《易经》《论语》《春秋》等儒家经典为主要教材。此外汉代还设采乐、施乐的"乐府",诗歌、辞赋、音乐发达,这些都推动了学校美育的发展。

隋唐时期,国家实现统一,经济发展,社会安定,教育的发展也步入正轨,学校教育迎来大发展时期,由于隋唐两代具有较强的文化包容性,因此学校美育内容,不仅包括儒学思想与相关美育知识,还包括道、佛等美育思想。随后的王朝基本沿用了唐代的教育制度,并在其基础上不断丰富美育的内容与形式。

(3)学校美育的内容。学校美育的内容具有明确的知识体系划分,主要体现在各种类型的课程上,其中,艺术类课程是美育的核心组成部分。艺术类课程着重培养和提升学生在美术、音乐等领域的审美能力与创造美的能力,学生不仅要在课堂上学习相关艺术知识,还要接受相关艺术训练,学习绘画、歌唱技巧,提升自身的创造美的能力。

比如,在美术课堂上,教师一般会首先向学生讲解具体单元的美术知识,然后带领学生对相关美术作品进行赏析,分析其美学价值与创作技巧,然后,会让学生对名作进行临摹,或创作相似风格的美术作品,在这个过程中,学生的美学知识、审美素质与创美能力均得到了提升。

3.社会美育

(1)社会美育的重要性。相比于家庭美育与学校美育,社会美育没有系统的课程,没有亲情的羁绊,但是社会美育对人的影响同样不可小觑。人是一种社会动物,人的生活与成长无法脱离社会而实现。包括审美活动在内的人的一系列活动,都会与社会环境具有紧密的联系。

人们社会价值的实现需要以社会活动为基础,审美的社会性也决定了人们的审美活动与社会密不可分。人们学习知识的目的,是实现自我更好的发展,是为了给家人创造更好的生活环境,是为了促进国家的发展。人们的工作岗位、学习环境、审美对象,都是社会发展的产物。由此观之,社会因素几乎涉及了美育的各个环节。

美育知识涵盖范围极广，仅仅通过家庭与学校的美育来完善学生的美育素养是远远不够的，需要学生通过社会美育不断完善自身的美育知识，提升自身的审美素养。因此，社会美育是美育的重要组成部分，虽然其不具备系统性，但是需要引起我们的重视。

（2）社会美育的内容。相比于家庭和学校来说，社会是一个无比广阔的空间。社会虽然不具备教授审美知识的功能，但是，可以为美育提供极为丰富的素材，这些素材蕴含在社会的每一个角落，蕴含在社会发展的过程之中。社会美育的领域极为广泛，包括但不限于文艺演出、影视传媒、社会宣传、教育培训、博物馆、图书馆、体育场、俱乐部，等等，以上这些都是社会美育强有力的媒介，并且在家庭美育与学校美育的过程中涉及较少。同时，日常生活中的街景、设计及人们的美德，都具有丰富的美育价值，人们能够通过这些媒介来补充、完善自身的美育知识。

（二）按照美育性质分类

1. 自然美育

自然美育指的是自然事物自身所呈现出来的美的形态或自身所具有的美的象征意义。自然美育最大的特点在于，作为美育载体的自然事物，是生动的、具体的、形象的、丰富的、多变的。

人类观察自然事物，并从中体验到美感，是一个主动性较强的美育过程，其中蕴含着人类最为质朴的情感。这种美育过程是人们主动去感受的，是深入人心的，更容易使人产生情感共鸣。

自然美育具有普遍性，例如，在人们小的时候，会对自然界充满好奇，五彩斑斓的蝴蝶、缤纷绚丽的花朵、变化万千的云彩，都会引起孩童的好奇，孩童感受到自然的美，是本能的驱使。随着人们的成长，掌握的知识逐渐增多，人们对于自然美的审美方式也从单纯的本能驱使向多元化审美方式转变。人们会将自身的情感与自然景物相结合，赋予自然美以人文意义，既能借自然景物抒发自身的情感，又能通过自然景物领悟新的理念。

2. 社会美育

社会美育具有丰富的内涵，是生活中的美，存在于人们社会生活的方方面面，它包括人格美、劳动美与生活过程美、产品及环境美等。社会美育直接体

现人们改造世界的本质力量和生活理想，有着美与善直接结合的特点，具有较大的美育价值。

社会美育具有较为明显的社会性、历史性、民族性和阶级性，所以社会美育应当引导学生树立正确的价值观和审美观，同时社会美育具有较大的实践性，应当努力引导学生在社会生活和学校生活中发现生活之美，并努力创造社会美。社会美育还应当引导学生对于人格美的追求，实现心灵美与形体美的统一。

社会美育主要是由人的思想、意识、情感以及它们在人和自然的相互关系中的体现组成的。

3. 艺术美育

艺术是艺术家创造性的劳动成果的产物。艺术美来源于现实美，又高于现实美。艺术美育是现实美的凝练和集中，它包括音乐艺术美、美术艺术美、影视艺术美、文学艺术美和环境艺术美等。

艺术美育是学校美育的主要形式之一，强调对学生艺术审美能力的培养和提升。在中小学美育中，艺术美育通常以艺术类课程的形式出现，如音乐课、绘画课、书法课、舞蹈课，等等。学校艺术美育的主要特点是具有较强的系统性，艺术类课程通常从理论知识入手，结合具体的文艺作品进行教学，使学生在学习理论知识的同时，赏析经典作品，能够将理论与作品相结合，提升审美鉴赏能力。

艺术类课程还注重学生主观能动性的发挥，以美术课程中的绘画教学模块为例，教师通常会首先讲授关于绘画流派的发展历史、特点、代表人物等理论知识，然后带领学生赏析经典名作，在赏析的过程中进行绘画技法的教学，以上属于审美鉴赏环节，目的是提升学生的审美鉴赏能力以及完善学生对于固定审美对象的认知。在审美鉴赏环节之后，教师会带领学生进行临摹、创作等活动，这是提升学生创造美的能力的重要途径。而且，艺术类课程的教学内容和教学环节是在科学的教育理念引导下进行设计的，由此可见，学校的艺术美育在美育教学方面具有较强的系统性。

艺术美育的开展主体不仅有学校，还包括社会中的相关辅助机构。受制于课时安排，学校美育通常只涉及部分艺术美育内容，不能广泛开展艺术美育教学，一些社会辅助机构的艺术美育课程五花八门，涵盖范围广，可以对学校美育起到良好的补充作用。

二、构建美育内容的基本思路

（一）尊重学生成长的规律

构建美育内容需要尊重学生成长的规律，幼儿园、小学、中学、大学，学生在不同阶段的生理特征与心理特征是不同的。教育工作者必须准确把握学生的成长规律，才能使美育的内容适合学生成长和发展的需求，否则，将会导致事倍功半的情况发生。

在学前教育阶段，孩子们对于审美的认知基本停留在本能的层面。这一阶段的美育应该重视启迪的重要性，使孩子具有发现美的眼睛，并正确引导孩子构建正确的审美概念，明白什么样的事物是美的，什么样的行为是美的，从孩童起建立正确的审美认知与道德认知。

中小学教育阶段是学生成长的关键期，这一阶段的美育尤为重要。中小学阶段的时间跨度较长，教育工作者应该根据学生不同的受教育阶段，对美育的具体内容进行合理安排。针对不同年龄段的学生，教育工作者应结合其性格特点、生活环境、知识和能力水平，进行系统化美育教学，同时注重个性化教学，使学生在成长的关键期能够树立正确的道德观、人生观和价值观。

另外，这一阶段的美育内容不能仅仅停留在发现美、认识美的阶段。随着学生受教育程度的不断提升，教育工作者应该逐渐丰富学生的审美认知体系，通过美育，提高学生的审美素质，提高学生的创美水平，在文艺美育中，要教授学生一定的审美专业知识，使学生的审美认知水平不断提升。

在大学阶段，青年大学生群体处在已经成年，但又未在真正意义上走上社会的人生关键阶段，其身心发展特征、规律与中小学生和社会成年人截然不同，因此，在设计审美教育的内容时应该尊重这一成长规律。

（二）尊重审美教育的规律

在美育中，教育目标的实现有多种途径，既可以通过文化课和艺术课等课程教学途径来实现，也可以通过组织学生开展课内外活动，让学生接受自然美与社会美的熏陶。但无论选择哪种途径，美育的基本途径都是引导学生体验美、感受美，认识审美教育的发展规律，最终提升学生的审美能力，并能够根据美

的规律自主进行审美创造活动。因此,在设计美育的具体实施方式时,要尊重审美教育的规律,确保美育的内容与美育基本规律相吻合,从而提升学生对于美育内容的认可度,激发学生的审美感受与审美需求,使学生产生强烈的审美意愿,主动感受美、追求美,形成对美育的正确理解,促使学生按照美的规律主动进行审美创造。

审美创造是受教育者根据自身的审美意愿与审美理想,按照美的规律进行审美实践创造活动。审美教育要使受教育者认识审美理想的丰满,反思社会现实的不足,唤醒受教育者的创造欲望,帮助受教育者实现审美过程的形象性和情感性的内在统一,并赋予其情感内在理性,从而使受教育者的审美创造实现从无意识到有意识、由自发到自觉的演变过程,达到水到渠成的教育功效。

(三)尊重时代发展的规律

美的事物必须是符合时代发展规律的,是人的认识规律与实践发展规律相统一的结果。人类世界始终处于不断的发展变化之中,人的认识也根据时代的发展而不断产生着变化。美产生于人类的生产实践活动,而人类对于美的追求又促使人类"按照美的规律建造",不断进行着新的社会实践活动。而所谓"美的规律",即人的认识规律与实践发展规律的有机结合。将这种美的规律付诸实践,与社会的发展规律相融合,即形成时代发展的规律。因此,时代的发展规律符合认识与实践的发展规律,符合生产关系适合生产力状况的规律,因此其具有"美"的性质,值得人们去追求,也是构建美育内容的基本思路。

三、美育的内容

美育是运用实践生活中的社会美与自然美,传授正确的审美观点,增强人的审美能力,提升人的审美水平,构建人的审美意识与自觉创造美的意愿,培养人创造美的能力,促进个体人格完善与整体素质提升的过程。美育的内容与审美紧密相连,因此,我们并没有选择从具体的美育课程的角度对美育的内容进行分析,而是选择从审美教育的角度对美育的内容进行阐释,这样的阐释更具系统性。美育的具体内容如图2-4所示。

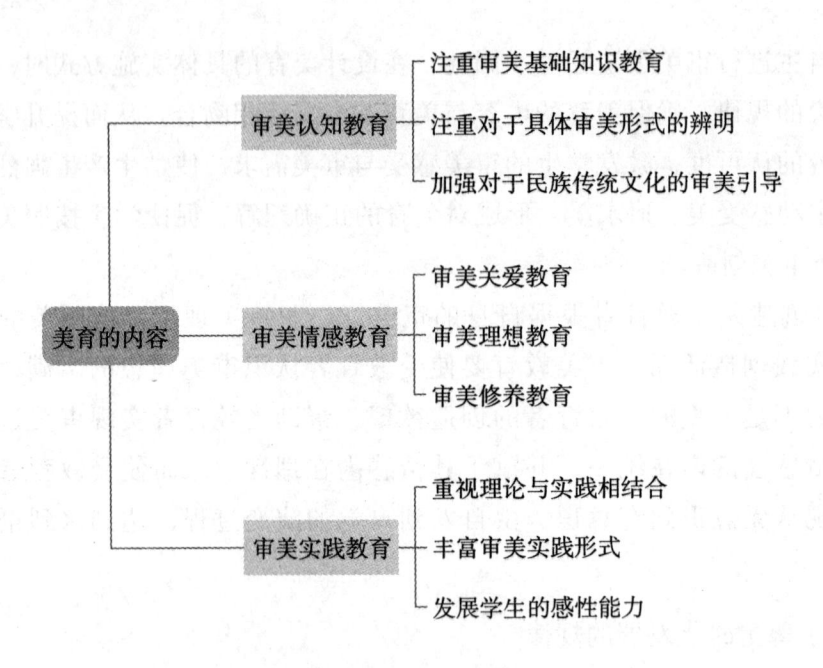

```
                    ┌─ 注重审美基础知识教育
         ┌─ 审美认知教育 ─┼─ 注重对于具体审美形式的辨明
         │              └─ 加强对于民族传统文化的审美引导
         │
         │              ┌─ 审美关爱教育
美育的内容 ─┼─ 审美情感教育 ─┼─ 审美理想教育
         │              └─ 审美修养教育
         │
         │              ┌─ 重视理论与实践相结合
         └─ 审美实践教育 ─┼─ 丰富审美实践形式
                        └─ 发展学生的感性能力
```

图 2-4　美育的内容

（一）审美认知教育

1. 审美认知教育的含义

弄清审美认知教育的含义，首先要明确审美认知的概念。审美认知由"审美"与"认知"两个部分构成，审美的含义我们在前文进行了详细的介绍，这里不再赘述。

英语中的 cognition 一词在汉语中翻译为"认识"和"认知"。"认识"在哲学意义上指的是客观的事物和规律在人脑中的反映，既包括"理性认识"，也包括"感性认识"。因此，认识活动就是人们依靠思维能力和感知能力认识客观的事物的过程。

在心理学层面，认知是对人的认识能力的描述，这种描述涵盖了两个层面的含义：其一，认知是一个动态的概念，指人们认识事物、学习知识的动态过程，人们通过具体的方式去认识事物、理解事物的过程就是认知的过程；其二，认知是一个静态的概念，指人们具体的知识内容与知识结构，人们在某一领域的知识结构，就是人们对于该领域的认知。

综上所述，审美认知就是人们的审美认识过程以及自身所具有的审美知识体

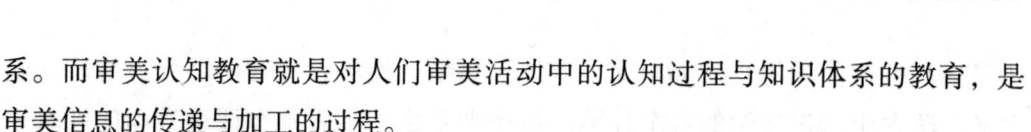

系。而审美认知教育就是对人们审美活动中的认知过程与知识体系的教育，是审美信息的传递与加工的过程。

审美认知教育能够帮助学生构建良好的审美认知结构，这种审美认知结构在美育和学生的审美活动中形成，并对学生未来的审美活动具有一定的指导作用。审美认知对于学生的审美感受与审美判断具有重要的影响，因此，应该重视审美认知的教育。

2. 开展审美认知教育

（1）注重审美基础知识教育。审美教育是美育的重要组成部分，审美教育不是艺术类课程、思想道德培育课程等课程的简单相加，而是具有一定的独立性。当然，受制于学生认知水平、课时等因素，在中小学阶段，审美认知并不适合独立设置课程，但是，教育工作者可以将审美认知教育融入具体的美育课程之中，在开展具体领域美育的同时，融合审美认知的相关内容，穿插教授审美认知的基础知识。

在美育实践中，教师通常重视具体领域审美知识与创造美技能的教授，而忽视审美认知的教育。审美认知使学生在接受美育教育的过程中逐渐形成能力与知识结构，审美认知的形成过程虽然是潜移默化的，但对于学生审美能力形成的影响是十分重要的。倘若没有系统的审美基础知识教育，无论是教师还是学生，都难以把握审美认知的形成过程。

开展审美基础知识教育，要注意教育过程的系统性与层次性。教学过程循序渐进，教学内容层次分明，保证教授审美知识结构的系统性与完整性。

第一，要通过具体审美基础知识的讲授，使学生理解美和审美的相关概念，为学生日常的审美鉴赏提供理论的指导，为美育课程的开展奠定良好的基础。

第二，审美知识的教育要与实践充分结合，审美基础知识具有一定的抽象性，单纯的课堂理论知识教学不利于学生的理解，这就需要教师将理论与实践充分结合，将知识与生活紧密联系。在教学的过程中，教师可以将生活中的具体场景或艺术作品拍摄成照片，通过多媒体教学引导学生进行审美鉴赏，或者组织学生开展关于审美教育的课外活动，带领学生发现实际生活中的美，深化学生对于具体审美知识的理解。

第三，将审美教育渗透进具体的课程当中，这里的课程不仅仅指美育课程，还包括其他门类的课程，如语文、英语、数学、地理，等等。审美具有广泛的含义，蕴含于知识教学的各个环节、各个课程之中，教师在课程教学的同时渗透美育的内容，既不耽误教学进程，又能在不知不觉中引导学生的审美认知按照正确的方向进行构建。

（2）注重对于具体审美形式的辨明。随着世界文化交流的不断发展，各种新的审美形式不断产生、发展、融合，这既是文化发展的体现，同时也对审美认知教育提出了挑战。

在艺术美育中，由于艺术创作者各具特点、风格鲜明，因此艺术审美形式丰富多样。不同风格的艺术作品背后，都蕴含着作者对于作品内容特殊的情感与理解，而一些经典的艺术作品，还具有时代的意义。

例如，巴勃罗·毕加索的绘画作品风格十分鲜明，而且毕加索的艺术手法随着他的经历而不断产生变化。毕加索早期的作品风格受家庭环境影响较大，充满了忧郁感。在求学期间，毕加索努力地研习学院派的技巧和传统的主题，这一时期的作品如《第一次圣餐》，充满了学院派的风格。而在毕加索中后期的创作中，其更注重线条的运用与形象的简化，其作品中开始显露出超现实主义的风格，这种这风格的作品在西班牙内战时期与第二次世界大战时期表现得尤为显著，这一时期的代表作品是《格尔尼卡》。《格尔尼卡》是一幅多种艺术表现手法相结合的抽象画，剧烈变形、扭曲和夸张的笔触表达了毕加索多种复杂的情感。

当在美术教材中看到《格尔尼卡》时，相信很多学生难以感受其"美"，扭曲的形象带给人的感受更多是一种荒诞与不安，而当理解作品的创作背景后，再结合作者的经历与特点，我们就可以从中解读出作者期望表达的丰富情感，发现这幅艺术作品的美。学生凭借自身的审美知识难以完成对艺术作品的全面解读，这就需要教师在美育过程中注重对于具体审美形式的辨明与讲解，帮助学生理解艺术作品"美"或"丑"背后的意义，提升学生的审美判断能力。

（3）加强对于民族传统文化的审美引导。习近平总书记在庆祝中国共产党成立95周年大会上提出的"四个自信"重要论述，在党的十八大提出的中国特色社会主义"三个自信"的基础上，增添了文化自信的内容，这是对"三个自信"创造性地拓展和完善，也更进一步凸显了文化的重要性。

文化是一个国家软实力的重要组成部分，是国家和民族的显著特征，是国家

发展的重要根基和强大的驱动力。增强文化自信，为解决好弘扬中华优秀传统文化问题指明了正确方向。具体到美育领域，培养和提升学生的文化自信，首先要帮助学生树立对于传统文化正确的审美认知，只有让学生更加深入地了解传统文化，提升对于传统文化的审美鉴赏能力，才能真正提升学生的文化自信。

中华民族优秀的传统文化博大精深，源远流长，蕴含着五千年的智慧与历史，有着深厚的底蕴和强大的生命力，具有丰富的美育价值。中国优秀的传统文化是中国屹立于世界民族之林的基础，是中华民族巨大的精神财富，是中华儿女进行文艺创作的文化源泉。

民族文化对于我们的影响深远而持久，美育若想真正实现其教育目标，就必须重视对于优秀传统文化的继承与发展，这种具有鲜明民族特色的美育才能称得上是真正的美育，才具有较高的审美价值。特别是在中小学阶段，这一阶段的学生正处于价值观与审美能力的构建阶段，更需要教师提供正确的美育引导，帮助他们树立正确的审美观念。

（二）审美情感教育

1. 审美情感教育的含义

情感是审美心理中最活跃的因素，它广泛渗入其他心理因素中。审美情感是审美活动的基础，如果没有审美情感，就不可能进行真正的审美欣赏和审美创造活动。审美情感从概念上讲是指审美主体对于美的各种意识形式的情感表现和内在心理表现，审美情感教育包括审美关爱教育、审美理想教育和审美修养教育等。在审美活动中，审美情感产生于主体的审美实践中，而又引导、规范着主体的审美实践活动。

2. 审美情感教育的内容

（1）审美关爱教育。审美关爱教育主要满足的是人的精神需要，审美情感是人在开展审美活动的过程中自觉获得的心理感受，审美关爱注重个体之间情感的交流，这种情感发源于内心，是人格与审美情感相结合的产物，对于个体人格的完善、个体价值观的完善，以及个体间情感交流具有重要的意义。

随着经济的发展以及各种思潮的影响，功利性思维占据了部分学生的大脑，学生为自身的行为设立功利性目标，无论是学习、实践还是其他社会性活动，目的都是获取一定的利益，这与社会中功利主义大行其道不无关系。

目前，部分学生对于关爱、真诚等审美情感并不重视，这就造成了学生审美情感的缺失。针对这种情况，学校应该重视美育的发展和建设，重视对于学生审美关爱的教育。学校可以定期组织相关的公益性活动，如社区服务活动、爱心募捐活动、环境保护活动等，让学生通过审美关爱实践活动丰富自身的审美情感。学校也可以丰富校园内的文化活动，优化校园的文化环境，使学生在校园文化的熏陶中逐渐形成良好的审美情感。

（2）审美理想教育。审美理想是在审美经验的基础上形成的高层次审美范畴，普遍存在于人们的成长与发展过程之中，集中体现在艺术活动领域。一般来说，人的社会活动就是在理想的指引下进行的，人们实现自身发展的过程就是不断追求并实现理想的过程。审美理想作为审美经验凝结与升华的产物，需要充分发挥美育的指导作用。

审美理想对于人的认知活动与实践活动具有重要的推动作用，树立积极向上的审美理想，对于学生的成长与发展十分重要，它能够为学生的学习与实践提供良好的指导。因此，学校在开展美育的过程中，应该重视学生审美理想的培养，教师可以在美育的过程中渗透美育理想的知识，或者专门开辟美育理想教育专题。审美理想教育属于审美情感教育，而审美情感教育不能仅仅依靠课堂上的理论教学来实现，因此，在审美理想教学的过程中，教育工作者需要注重学生的主体地位，可以灵活选取教学方式。在教师的引导下，学生成为课堂的主人，在学习与交流中深化对于审美理想的认知，逐渐树立正确的审美理想。

（3）审美修养教育。修养一般指个体的自我锻炼、自我培养，以及在此基础上形成的各种能力和品质。审美修养教育是在审美教育中有意识地促进受教育者审美心理结构的自我完善和发展，也就是实现审美他育到审美自育的转变。

修养作为一种美德的体现，本身就与审美有密切的联系。我国古代关于修养的相关阐释就多是以审美教育的相关理念为出发点的。例如，孔子的"吾日三省吾身：为人谋而不忠乎？与朋友交而不信乎？传不习乎？""择其善者而从之，其不善者而改之""有君子之道四焉：其行己也恭，其事上也敬，其养民也惠，其使民也义""修己以敬""修己以安人""修己以安百姓"等，均是关于自身修养的论述，《论语》中对于美德与修养的阐释非常之多，这充分体现了我国审美修养理念的源远流长。

培养和提升学生的审美修养，需要教师在审美情感教育的过程中，引导学生深入理解审美修养的含义，逐步增强对于正确审美修养的认同，并形成正确的审美修养标准。审美修养不是靠灌输固定的审美理念进行培养的，而是教师结合学生自身的特点，尊重学生的个性特征，引导学生从内心深处逐步形成的个人修养。审美修养包括外在的形象修养、内在的气质修养及思想道德修养。审美修养的培养和提升是一个时间跨度较长的过程，学生在不同阶段的学习与生活中学习到的不同知识、形成的不同认知，都会对学生的审美修养产生影响。

（三）审美实践教育

1.审美实践教育的含义

审美实践教育是美育的重要组成部分，需要引起我们的重视。实践是理论的基础，美是伴随着人们认识自然和改造自然的活动而产生的，美学也是人们在实践中总结形成的理论精华，美育理论的来源自然也是实践。

审美实践就是通过实践活动，深化对于美的理解，将美育理论与实践活动充分结合，提升审美能力的过程。

2.审美实践教育的内容

（1）重视理论与实践相结合。审美实践开展的目的是提升学生的审美素质，审美素质涵盖范围广，涉及道德领域、知识领域、艺术领域等多个领域。因此，美育实践通常与其他课程结合进行，这就容易导致在实践活动中虽然能起到美育的效果，但是不能很好地达成美育的目标，使学生在实践中缺乏接受美育的思维，不能将实践活动的内容与美育有机结合在一起。

针对上述情况，教师应该注重在实践的过程中，将美育理论与美育实践充分结合，明确实践活动的美育性质，在实践活动的过程中穿插美育理论知识，使学生通过实践活动深化对于美育知识的理解。

（2）丰富审美实践形式。审美涵盖领域广、涉及知识多，因此审美实践形式也应该是多种多样的，应该涉及文化、艺术、道德等各个领域。

学校可以根据美育内容组织相关实践活动，或者采用模块化教学方式，将具体的美育知识与美育实践相结合，构建一个个具体的美育教学模块，使理论与实践实现有机结合。

比如，在艺术美育中，学校可以组织相关的艺术参观实践活动，适当增加实

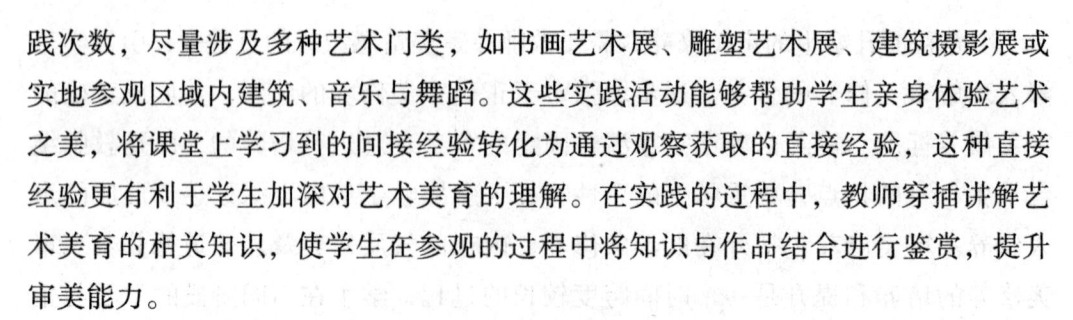

践次数，尽量涉及多种艺术门类，如书画艺术展、雕塑艺术展、建筑摄影展或实地参观区域内建筑、音乐与舞蹈。这些实践活动能够帮助学生亲身体验艺术之美，将课堂上学习到的间接经验转化为通过观察获取的直接经验，这种直接经验更有利于学生加深对艺术美育的理解。在实践的过程中，教师穿插讲解艺术美育的相关知识，使学生在参观的过程中将知识与作品结合进行鉴赏，提升审美能力。

（3）发展学生的感性能力。美育实践的另一个重要任务就是发展学生的感性能力。

首先，要尊重和培养学生的个性，对于学生而言，感性是蕴含在个性之中的，假若学生的个性得不到充分发挥，那么学生的感性也就无从谈起。因此，尊重学生的个性，就是美育的宗旨之一，而发展学生的个性，则是美育的重要任务。

其次，要尊重学生的感性需要，完善学生的感性机能。人的感性机能主要分为两个方面：一是人类感观层面的机能，二是人类情感体验层面的机能。人的感性机能包含肉体与精神两个层面的概念，我们在审美实践中也应该将其作为一个独立的个体来看待。在审美实践中，教师应该注意学生的感性需要，通过一系列启发性实践活动丰富学生的情感与想象，完善学生的感性机能。

最后，在审美实践中，教师应该充分运用直观的审美作品，对学生的审美感情产生影响，帮助学生形成良好的审美趣味与审美观念。审美重视的是感性认知而非逻辑推理，在审美实践中，应该充分利用这一特性，帮助学生获取更加直观的审美实践体验，使学生在实践的过程中产生审美情感，领悟审美的内涵。

第三节　美育的原则

教育活动的开展需要遵循一定的原则，这对于美育来说尤为重要。美育与普通的文化课教育不同，其涉及众多领域，却没有固定的课程体系，这就容易导致在美育的过程中，教育工作者难以准确地把握美育的内容、进程和效果，在构建美育教育框架上也存在着一定的困难。因此，在开展美育的过程中，要遵循一定的原则，保证美育的进程不偏离美育的教育目标。美育原则的具体内容

如图 2-5 所示。

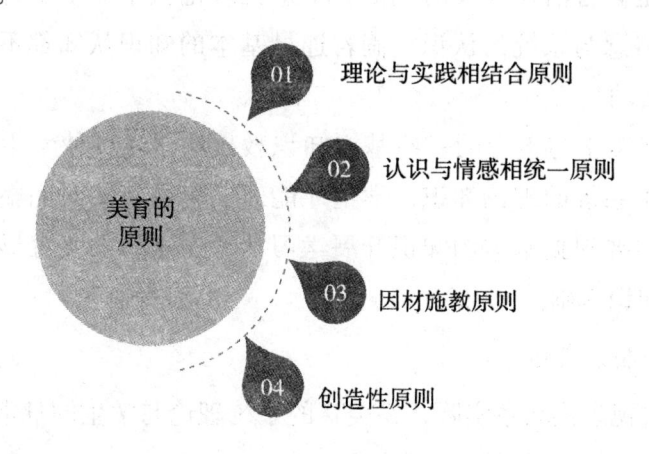

01 理论与实践相结合原则
02 认识与情感相统一原则
美育的原则
03 因材施教原则
04 创造性原则

图 2-5　美育的原则

一、理论与实践相结合原则

（一）理论与实践相结合的重要性

理论与实践相结合是社会主义教育发展中需要遵循的重要原则，美育作为教育体系中重要的组成部分，关系到学生价值判断的形成与思想道德体系的构建，而美育课程相比于其他自然科学学科与人文科学学科，并没有相对固定的知识体系，需要教育工作者结合实践拓展教学内容，开展教学活动。因此，美育更需要遵循理论与实践相结合的人才培养原则。

马克思主义指出实践是认识的基础，是检验真理的唯一标准，因此，在美育教学中，要重视实践的作用。而理论对于实践同样具有重要的反作用，正确的理论能够指导实践的发展。因此，美育应该重视理论联系实际，既不能抛开理论开展实践，也不能抛开实践空谈理论。

（二）贯彻理论与实践相结合原则

在美育中贯彻理论与实践相结合的原则，需要从以下几个方面入手。

1. 重视理论教学

理论与实践相结合，是理论与实践的同等并重，不能因为强调实践的重要性就忽视理论教学。理论作为一门课程最基本的知识体系构成基础，是一门学科发展的基石，是教育活动开展的凭依。不重视理论教学，学生将很难对一门学科产生完整的概念与系统的认识，倘若连最基本的知识认知都不具备的话，又何谈开展教育活动。

美育需要将美学与美育的一些基本知识教授给学生，使学生掌握系统的理论。只有掌握了系统的理论知识，学生才能对美育具有相对完整的概念与全面的认识。学生需要根据基本的知识开展学习活动，这样的美育形式能够帮助学生奠定坚实的知识基础。

2.重视理论联系实际

美育应该重视理论联系实际，将美育的系统理论与学生的日常生活联系在一起，帮助学生更好地理解美育的理论。

美育是社会发展的需求，因此，美育应该符合社会发展的特征，富有时代气息与生活气息，使学生的审美观念、审美趣味与审美能力能够跟上时代发展的脚步。只有这样，美育才能够更好地与实践相结合，使学生在实践生活中更好地发现美、感受美、创造美。

美育的理论由于直接作用于学生的感性认知，因此具有一定的抽象性，容易导致学生理解困难。而在美育中贯彻理论与实践相结合的原则，能够帮助学生更容易地理解美育理论，学生可以根据实践活动深化对于美育理论的认知。

比如，当开展艺术美的教育时，教师先教授学生关于艺术审美的系统理论，然后可以列举一些绘画、音乐、雕塑、舞蹈的例子，让学生进行鉴赏，鼓励学生踊跃表达自己的观点，然后将专业性的鉴赏评论展示给学生，让学生对比自己的观点与诸多专业观点的异同之处。这个过程既提升了学生的审美能力，又拓展了学生的思维。

再比如，在进行审美标准的教学时，教师可以先向学生展示不同时期、不同地域人们的服饰、文学、建筑、艺术创作与道德认同的差异，鼓励学生自主展开思考与总结，通过观察总结不同地域、不同时期的人们的审美标准以及审美特征，再根据得到的结论思考其现象背后的历史依据。在完成这一过程后，教师可以将相关的美育知识理论展示给学生，加深学生对于理论知识的理解。这种理论联系实践的教学模式，不仅可以深化学生对于理论知识的理解，还可以促进学生的思考，促进学生自主学习能力的提升，同时提升课堂的趣味性，提升学生的学习积极性。

二、认识与情感相统一原则

（一）认识与情感相统一的重要性

从人的心理活动层面来观察，情感和认识密不可分。在审美活动中，两者的结合更为密切。美育中的认识是主体充满感情色彩的主观行为，一个人的美学知识越丰富、艺术修养越高，他在欣赏美的事物时也就越能在情感上产生共鸣，能更为深刻地理解、评价美的事物。

（二）坚持认识与情感相统一原则

情感是人从事认识活动的动力与基础，人类开展认识活动是基于一定的情感的，人的认识本身也夹杂着主观情感的因素。美育作为针对认识领域的教育，需要重视与情感的结合。

以艺术为例，艺术是美的集中体现，人们在艺术创造的过程中，会用色彩、线条、曲调、文字等形式来表达自己的情感，这种情感的表达通过具体的形式诉诸艺术作品，使人们在欣赏不同类型的艺术作品时能够获得不同的感受，甚至能够和作者达成情感上的共鸣，这就是认识与情感结合的典型例子。

美育实践需要坚持认识与情感相结合的原则。教师要在教学的过程中，帮助学生理解各种形式所蕴含的情感意义，促使学生在认识美的过程中能够更好地感受到美的背后所蕴含的感情，进而加深对于美的理解，并能够进一步将自身的情感通过具体的形式表达出来。

比如，在音乐美育教育中，教师可以先带领学生欣赏音乐作品，引导学生体会音乐作品中所蕴含的丰富情感。然后，教师可以向学生教授乐理知识，并带领学生进行歌词与曲调的分析，说明不同曲调、节奏、音符所代表的情感，并结合歌词对歌曲进行讲解，使学生对于音乐艺术作品中情感的表达有一个总体的了解。然后，教师可以再向学生展示类似风格的音乐作品，鼓励学生对歌曲中所蕴含的情感自主进行分析。教师可以将相似类型的音乐作品划作一个美育教学单元，按单元进行不同类型音乐作品的审美鉴赏，也可以交叉对不同类型的音乐作品进行审美鉴赏，在对比中加深学生对于作品中所蕴含的情感的理解。

在美育中，认识与情感统一原则的贯彻还表现在培养和提升学生的想象力中。因为学生的思想越活跃，情感的体验与表达也就越丰富多彩，对于事物的认识与感知也就越深入。例如，在数学教学中，二重积分的教学如果仅仅用公式表达的话，会使学生难以理解，因此，教科书通常采用形象化的表达方式来叙述二重积分，即从本质观察二重积分，其本质是求曲顶柱体体积，因此通过曲顶柱体进行形象化教学，有利于使学生更好地理解二重积分的含义，这就是帮助学生通过想象提升认识的典型过程。

三、因材施教原则

（一）因材施教的重要性

因材施教的教育方法由来已久，在《论语·先进篇》中，就记载了孔子因材施教的典型案例。因材施教指的是教师在教学过程中，根据学生不同的认知水平、学习能力、性格特点及生活环境，有针对性地选择适合不同学生的教学方法进行教学。

美育中的因材施教原则就是要在美育的过程中重视受教育者的年龄结构、性格特征、知识水平、能力水平、思维特点、审美差异、生活环境等因素。美育作用于人的感性认知，审美主体的主观认知对于审美活动的影响较大。因此，相比于德育、智育、体育来说，美育应该更加重视学生的个性与兴趣的培养。

（二）因材施教开展美育

美育中的因材施教，应该特别注重施教方法的选取。

首先，从施教过程来看，需要对学生进行多样性的审美施教，要综合利用多种方式对学生展开美育，在这个过程中，需要不断变换审美媒介，多渠道、多层次、多领域地影响学生。通过多样化的美育方式，教师可以帮助提升学生的审美兴趣，激发学生学习的主动性，促使学生的审美能力得到全面的发展。

其次，从具体的施教措施来看，因材施教要求教师根据学生的特点开展美育，重视学生个体的差异性，强调差异化教学与个性教学，帮助学生在美育的过程中既获得基础性知识，又不会失去其个性，在其审美体系中保持着自身的审美特色。

四、创造性原则

（一）创造性原则的重要性

由于美学具有创造性的特点，因此，在美育的过程中也应该坚持创造性原则。美育中创造性原则的重要性主要体现在以下几点。

1. 提升学生创造美的能力

在美育中贯彻创造性原则，是符合美育的任务要求的。美育不仅仅是为了提升学生对于美的认知与辨别能力，还是为了提升学生创造美的能力。美是需要发展的，提升人们的审美水平不是为了单纯地鉴赏美，而是为了使其在鉴赏美的同时感受美，将对于美的体验融入自身的审美体系，实现美的内化，并将其融入美的创作之中。

提升学生创作美的能力是美育的重要任务之一，为了更好地实现这一目标，就需要在美育的过程中贯彻创造性原则，不仅要使学生懂美、爱美，还要使学生能够创造美。

2. 促进学生审美水平的提升

在美育中贯彻创造性原则，能够促进学生审美水平的提升。创造美是需要以提升审美能力为基础的，同时，创造美的过程本身也是提升审美水平的过程。

学生在正确审美观引导下进行的创造美的活动，是基于学生自身已经掌握的审美知识进行的主观创作，是学生在理论指导下充分发挥主观能动性的过程，这一过程需要学生具备一定的审美能力以及审美水平，并通过创作生成新的审美价值。学生在创作前后进行审美知识的积累以及运用，有助于提升学生的审美能力与审美水平。

3. 丰富美育的内容

在美育中贯彻创造性原则不但有利于学生审美素质与创美能力的提升，同时也是一个不断丰富美育内容的过程。

当今时代，知识与信息更新速度加快，无论是美育的内容、美育的任务还是美育的形式，都应该紧跟时代发展的潮流，在内容上不断丰富，在形式上不断创新。贯彻创造性原则，提升学生创造美的能力，可以丰富美育的内容，使美育不再是学生被动地接受审美知识的过程,而是主动运用自身学习的审美知识,进行美的创造的过程。

(二)贯彻创造性原则

在美育中贯彻创造性原则,需要从以下几点入手。

1.开展美育实践

开展美育实践是提升学生创造美的能力的有效途径。实践是认识的基础,是检验认识真理性的唯一标准,只有通过美育实践,才能更好地帮助学生深化对于审美理论的理解,使学生将审美的理论知识内化为自身的审美素质,提升学生自身的审美能力,并进一步促进学生创造美的能力的提升。学校应该重视美育实践的开展,如开设文艺社团、艺术选修课、美育讲座等。

2.鼓励学生参与创造美的活动

鼓励学生参与创造美的活动,需要在教师的组织下,通过多种途径引导学生采取科学、合理的方式将自身的审美素质转化为创造美的能力,如开展创美书画夏令营、创美手工课堂、艺术创作活动、辩论赛等。以创造美为任务目标,可以进一步明确美育活动的目标指向,通过集中训练的方式,提升学生的创造美的能力。

3.与时俱进,丰富美育内容

无论是美育的内容,还是美育的形式,都是需要与时俱进的。在美育中贯彻创造性原则,首先需要拓宽学生的视野,拓展学生的思路,这就需要不断丰富美育的内容,根据时代变化更新美育知识体系。创造美的基础是给予审美主体足够的知识积淀,因此,丰富、新颖的教学内容是贯彻美育创造性原则的基础。

同时,在教学方法上,也应该充分汲取国内外先进的教学理念与教学模式,优化美育的教学方法,通过科学的美育方法提升学生的审美水平与创美能力,使美育在形式与内容上都做到与时俱进。

第四节　美育的特点

与智育不同,美育是通过影响人类情感达到教育目的的,美育具有自身的特点,如图 2-6 所示。

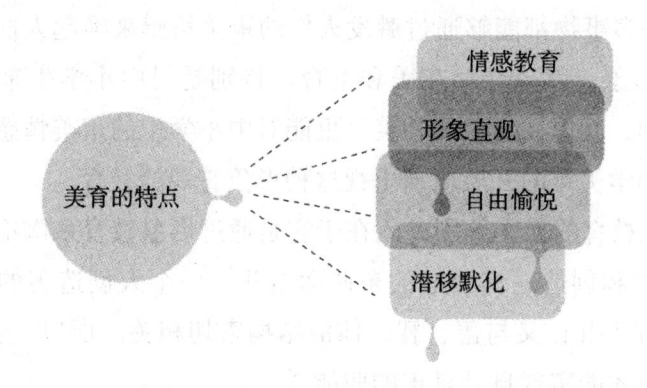

图 2-6　美育的特点

一、情感教育

情感教育是美育最为突出的特点之一,美育不同于德育、智育与体育,美育强调以情感人、以情动人,通过激发学生的审美感受,使学生充分陶冶在美的世界中,形成对于美的体验、喜爱与追求。德育、智育与体育通常重视知识的传授和技能的训练,而美育则不同。美育更加重视帮助学生在美的观念中感到精神的满足与心灵的愉悦,并在这种对美的体验中接受教育、学习知识,这是一个诱发的过程,而不是强制灌输的过程,可以说,美育就是情感教育。当然,我们并不是说美育不需要进行理论教学与技能训练,而是强调美育情感教育的特性,这种特性是德育、智育和体育相对欠缺的。

不同的个体之间存在巨大的差异性,由于人们经历、气质、性格、生活环境、工作和学习环境、文化与艺术修养等方面的不同,不同个体之间的审美趣味与审美价值观也存在着巨大的差异。因此,美育的开展需要关注这种个体之间的巨大差异性,灵活采取诱发、疏导等方法,从对美的欣赏入手,以情动人。

二、形象直观

进行审美教育，不能离开具体的感性形象。这些形象不但要与自身内容相统一，从而很好地显示内容，而且要与人的感官享受相适应，对人的感官需求采取肯定的形式。美育的过程，就是受教育者从感受、欣赏这种悦耳悦目的形式入手，进而把握隐藏、消融在这种形式中的真和善的内容的过程。

世界上的许多事物都能够通过激发人们的审美情感来唤起人们的美感；没有具体、直观的形象，就不会存在美和美育。特别是对中小学生来说，形象思维要强于抽象思维，具体、形象的"美"更能对中小学生的审美情感产生较大的影响。因此，中小学美育的开展应当重视这种形象直观的教育。

美育与其他教育的根本区别，就在于它是通过形象教育来陶冶人的情操，使人自觉地为维护和创造一切美好的东西而奋斗。一个人创造美的能力大小，既与美好的理想分不开，又与德、智、体的结构密切相关。所以，美育必须与德、智、体相结合，才能实现自己真正的职能。

美育主要通过感性直观的形象进行，因为美与真、善不同，后两者都属于理性的范畴，因而主要是通过抽象的概念和道理讲述才能被人们所系统掌握。美只能存在于感性的形式中，且作用于人的感性、感情，因而它只能以具体感性的形式诉诸人的感官，通过形象的感染、通过打动人的情感来达到教育的目的。

智育和德育都带有一定的外在和内在的强制性，美育却是一种自由的感受过程。人们可以通过强迫的记忆和分析综合来增加知识和遵循一定的道德规范，但不可能强迫自己在感情上产生爱憎。

因此，以形（象）诱人、以情动人，是美育的最主要的特点，它只能通过具体感性的形象，才能发挥它的特殊教育作用；人们也只有在参与对"活的形象"既积淀了理性又充满了生命力的情感形式的欣赏与活动中，才能使自己的感情得到陶冶。

三、自由愉悦

美育的重要方式是审美实践活动，审美实践的根本目的是促进人自由、和谐地发展，而其直接的效果就是使人获得身心的愉悦。不过，这里说的"自由"不

等于个人的所谓"自由"。"自由"是一个哲学词语，它是指人在改造世界的长期实践中，对客观规律的认识和把握。审美实践活动是通过持续的、逐步上升的情感体验，使人获得对客观事物的规律性的认识，于是便获得了创造美的"自由"和享受美好人生真谛的"自由"，就会感受到人生的快乐和幸福，就会产生审美的愉悦。所以说，审美活动是一种自由的活动，是人的精神的解放。在日常生活中，人们欢天喜地去看戏、听音乐、游山玩水，心甘情愿地接受艺术教育，就是美育自由愉悦性的特征。

由于美育通过感性直观的形式来作用于人的感情，不需要借助说教，更不用强迫命令，因而美育的过程必然就表现为一种轻松愉快的自由自在性。受教育者完全出于一种自觉自愿的爱好和兴趣，出于一种对人生最高精神享受的追求，这种既不感到有外在的强制、又没有内在压力的状态，突出地表现为一种摆脱了个人利害考虑和物质欲念的心灵自由状态。

当然，审美教育的自由性不应被理解为教育者可以毫无目的和计划地施教而无须任何引导，而是强调这种教育的方式应该乐于被人们自愿接受。

四、潜移默化

美育既不能像智育那样可以通过明确的理论教学丰富学生的知识框架，也不能像德育那样通过说教完善学生的道德规范，更无法像体育那样通过刻苦训练掌握对应的体育技能。美育在教育方式上具有潜移默化的特点，是要让受教育者获得一种情感上和精神上的愉快和满足，逐渐养成高尚的审美趣味和对美的追求欲望。

由于在这种审美情感的陶冶过程中渗透着理性和道德内容，因此，情感的陶冶过程也就潜伏着理性的不自觉积淀和道德的自由范导，从而在深刻的意义上达到"寓教于乐""寓情于理"的目的，于不知不觉中、于"无所为而为"中达到通过情感陶冶、塑造美好人性的目的。这就是"潜移默化"。但是要做到"潜移默化"，当然就不能急于求成，不能期望进行几次审美活动就可以大功告成。美育是一个长期的、不间断的过程，只有这样，才能使本来以欲望为基础的情感逐渐得到陶冶、规范，并且最终达到净化与升华的境界。

因此，美育的实施者既要有计划地、持之以恒地进行教育，受教育者也要有某种程度的理性自觉态度，要有自我修养、自我陶冶的审美追求。

第三章　中小学美育的基本理论

中小学美育要想实现理想的育人效果，就必须要求教育者提升对美育工作的重视，明确美育对学生身心健康发展的积极作用以及青少年审美素质发展的重要意义。此外，学生是教育的主体，是整个教育过程中最重要的参与因素。当今时代要想推进中小学美育，就必须以学生为本，重视学生的个性发展与情感体验，这样既能使教育活动实现预期的教育目标，又能符合学生的身心发展规律。

第一节　青少年的生理特征

一、青少年的生理特征

（一）小学生的生理特征

从小学到中学的这段时间，正是学生身体不断发育的时期。

在小学阶段，学生刚离开学前教育，迈入小学的大门，在生活上一般不能自理，需要大人的照顾。小学生的身体素质较弱，体力有限，不适宜开展运动量较大的活动，只能进行一些体力消耗较少的劳动与游戏。小学生的心理发展尚不成熟，感情比较脆弱，会经常因为一些看似稀松平常的小事而哭闹。

随着年龄的不断增长，小学生活动的天地不断扩大，智力快速发展，他们逐渐产生独立思考、自主行动与自主决策的能力。一般来说，四五年级以前的小

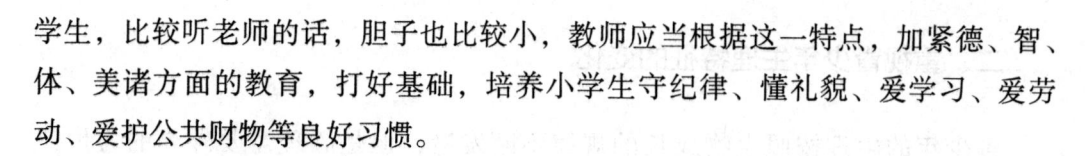

学生，比较听老师的话，胆子也比较小，教师应当根据这一特点，加紧德、智、体、美诸方面的教育，打好基础，培养小学生守纪律、懂礼貌、爱学习、爱劳动、爱护公共财物等良好习惯。

（二）初中生的生理特征

青少年的生理与心理发展是十分迅速的，因此，升入初中之后，学生身体、心理的各个方面均产生较为显著的变化。从体貌特征来看，初中生身高增长十分明显，比小学生高大，但相比于高中生与成年人来说仍然不算高大，因而显得稚气未脱。从日常生活来看，有的学生已经开始操持家务，但有的学生仍然不具备较多的生活技能。这一时期，为了保证学生的健康成长，在鼓励学生锻炼身体的同时，尚不能让学生过于劳累，需要保证学生拥有充足的休息与睡眠时间，不能使学生的身体承担过多的负担，以免耽误学生身体的发育，影响学生的健康成长。

初中生的心理发展尚不成熟，思维活跃，稚气未脱，对世界依然充满好奇，因此容易出现上课注意力不集中、容易被外界事物干扰、纪律性差的现象。教师应该充分认识到初中生的这一特点并加以充分利用，在规范课堂纪律与学生行为的同时加强对于学生的引导，引导学生将精力转向学习与审美体验中去。

（三）高中生的生理特征

到了高中阶段，学生生理方面已经开始逐渐发育成熟，身高迅速增加，及至高中毕业，大部分学生已经到了18岁的年纪，属于成年人的范畴了，拥有了"公民权"。高中学生已经经历了长期的知识学习与技能训练，在知识结构与能力结构上都已经有了一定的基础，智力、体力以及对于事物的感受能力相对于小学生和初中生有了十分显著的提升。且经过了长时间的学习过程，高中生的抽象思维能力有了很大的进步，能够很好地将形象思维转化为抽象思维，概括、总结与分析能力取得了显著的提升。此外，高中生精力充沛、充满朝气，身体健硕，能够进行较高强度的劳动与体育活动。总而言之，高中生的生理特征相比于小学生和初中生来说产生了显著的变化，身体的各项技能获得了较大程度的提升，并逐渐接近人类身体素质的最佳状态。

二、重视青少年生理特征的变化

青少年的生理按照生物成长的规律不断发展，但是心理需要外界的力量辅助成长。这是由于人类是社会动物，人类认知的丰富与发展离不开生活的环境，生理的巨大变化对于学生的心理会造成一定的影响，特别是中学阶段，学生逐渐进入性成熟期，"第二性征"逐渐显现，男生嗓音变粗，唇边长出胡须；女生嗓音变高，体态发生变化等。性成熟现象也引起学生心理上的显著变化。想要避免生理特征变化对学生心理带来的不良影响，就需要学校、教师和家长重视学生生理特征的变化，对其加强相关生理知识的教育，家长和教师要特别关心女生的身体健康。

在整个小学到中学的学习过程中，由于青少年们身体发育很快，为了让他们的身心普遍得到健康的发展，使每一名学生都练就一个健美、匀称、灵巧、结实的身体，学校教育要注意以下几个方面的问题。

第一，不能仅仅关注学生在课堂上的表现，要关心学生的生活状况，要使学生的学习与生活习惯符合生理发展的规律，要使学生拥有充足的睡眠与营养，不能给学生太大的课业负担，保证学生能够健康成长。

第二，要积极开展丰富多彩的文体活动。学校可以在节假日组织开展内容丰富的文体活动，如诗歌朗诵大赛、歌唱比赛、体育竞赛、登山、旅游、参观，既可以陶冶学生的情操，还能强健学生的体魄，促使学生心理与生理共同发展。

第三，应该组织学生开展适度的体力劳动，可以进入工厂开展社会实践，也可以进入农村体验乡间生活。适当的体力劳动，不仅可以起到锻炼身体的作用，还可以帮助学生培养热爱劳动的品质。当然，体力劳动的开展要适度，不能影响学生的学习与健康。

第二节 青少年的心理特征

青少年的心理是处在不断的变化与发展之中的，因此，青少年的心理特征总体呈现不断成长、动态变化的特点。青少年的心理特征如图 3-1 所示。

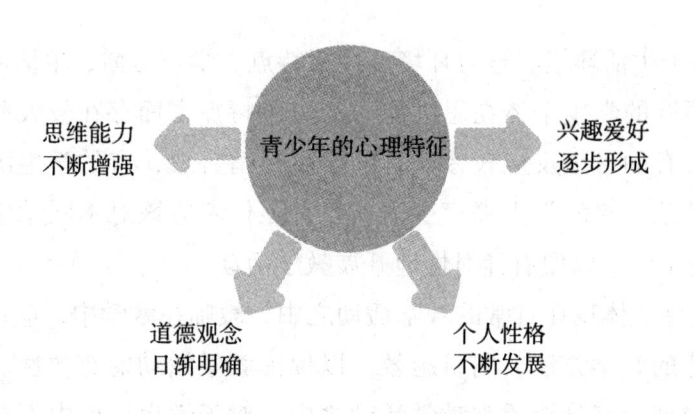

图 3-1 青少年的心理特征

一、思维能力不断增强

在小学阶段，学生的思维比较活跃，由于还未全面开展大量的课程教学，学生的抽象思维还未得到充分的锻炼，形象思维要占据绝对的优势。小学的主要课程是数学、语文、英语以及其他艺术和科学类的基础课程，在整个小学阶段，学生的想象思维与抽象思维逐渐得到初步的训练。

到了中学阶段，课程的种类进一步丰富，课程内容的深度逐渐提升，物理、化学、生物、政治、历史、地理等课程逐步开设，知识分类与教学逐步细化，无论是知识的深度，还是知识的广度，相比于小学都有了非常显著的提升。

由于学生形象思维与抽象思维不断得到发展，学生的智力发展水平也有了很大的提升。相比小学生来说，中学生的思维能力发展较快，形象思维有了一定文化知识的基础，能够对事物的形象产生更加丰富的审美情感。而经过长时间的学习，学生日益提升的抽象思维能力可以帮助学生更好地学习科学知识，处理学习中遇到的难题。在审美活动中，学生也会随着年龄的增长不断丰富自身的审美知识，逐步从简单的审美过程过渡到复杂的审美过程，学生的审美能力不再简单地停留在审美对象的表面形象上，而是逐渐发展为能够感受和分析事物的内在美，并逐渐掌握美的规律。在日常学习和生活中，随着年龄的增长，学生在学习和生活方面的独立性逐步增强，开始具备一定的自主学习能力，同时开始掌握越来越多的生活技能；在交际方面也逐渐显得成熟，说话办事越来越稳重，开始注意分寸。

当然，由于生活环境、学习环境、性格特点、学习习惯、生活习惯及社交状况等因素，不同的学生个体在思维能力与思维特点方面存在较大差异：有的学生思维敏捷，有的学生反应较慢，有的学生热情奔放，有的学生沉默内敛；有的学生乐观开朗，有的学生寡言少语。教育工作者应该对不同学生的性格特点有一个总体的了解，以便有针对性地开展教学活动。

思维的训练要体现在日常的教学活动之中，教师在教学中，应该根据学生的特点选择合适的教学方法，因材施教，以保证教学活动的有效性。同时，教师应该将美育的理念充分渗透进教学活动之中，对于学生性格中不利于学生成长和发展的因素，要引导学生逐渐改变，剔除其中不良的性格特征；对于学生性格中过于突出的特点，教师应该根据学生的成长实际进行合理的引导，既不能使学生过分张扬，也不能让学生妄自菲薄。教师在教学中，一方面要充分运用青少年比较习惯形象思维的特点，通过形象的教学方式帮助学生更加容易地理解知识；另一方面，也要注意培养学生独立思考的能力，注重学生总结、概括、分析等抽象思维能力的培养。

二、兴趣爱好逐步形成

青少年兴趣爱好的形成是一个过程，这一过程中不同的阶段具有明显的特点。学前儿童对于事物的喜欢并不是真正意义上的兴趣爱好，那只是儿童好奇心的体现。进入小学以后，儿童开始逐渐形成相对固定的兴趣爱好，比如，有的学生喜欢唱歌，有的学生喜欢舞蹈，有的学生喜欢绘画，有的学生喜欢体育运动。在小学阶段，学生兴趣爱好普遍不太稳定，呈现动态发展的特点，且这些爱好多是形象的、艺术的。

到了中学阶段，随着接触知识的不断丰富，视野的不断拓展，思维能力的不断提升及身心的不断成长，在小学兴趣爱好的基础上，中学生会逐步形成相对稳定的兴趣爱好，这种兴趣爱好的形成与学生思维不断的发展有密切的关系。

相比于小学，中学阶段学生的兴趣爱好种类更多，内容更复杂。随着年龄的增长与掌握知识的增多，学生的抽象思维能力不断提升，对于事物的理解能力也不断提高。比如，有的学生在小学时喜爱看童话书与漫画书，到了中学可能会对文学产生浓厚的兴趣；有的学生在小学时喜欢看科普读物，对科学与宇宙

产生浓厚的兴趣,到了中学就很可能会喜欢上物理与地理;有的学生在小学时喜欢踢球,到中学时,就会学习较为专业的足球技巧,并加强相关训练,提升自身的技能水平。

与小学不同的是,中学生会逐渐形成对于某些专业学科的兴趣,并开始逐渐将这种兴趣爱好与自身未来的发展联系在一起,开始针对自身的兴趣爱好进行知识与技能的训练。这时的兴趣爱好,很可能对学生的一生都将产生重要的影响。

三、道德观念日渐明确

道德观念的形成并不是天生的,而是伴随着个体的社会化而不断形成和发展的,道德观念受家庭、学校和社会环境等后天因素的影响非常巨大。

青少年在家中,其品德、生活习惯与处事方式会受到亲人的巨大影响。父母长辈的言传身教、兄弟姐妹的密切影响,以及邻居伙伴之间的交流与互动,都会对学生的道德观念产生重要的影响,特别是在个体未成年的时候,这种影响更为显著。

学校对学生道德观念的形成会产生多方位的影响,首先,在学校中,学生会随着知识的学习逐步形成一定的道德观念,这是德育的影响。其次,学生还会模仿教师的行为方式与道德观念,自身的道德观念也会在与同学的相处过程中受到周围学生的影响,这是学校中的成员对学生道德观念的影响。最后,学校在长期的教学实践中会形成具有自身特色的校风,班级也会在教学过程中形成独特的班风,校风与班风会对学生道德观念的形成产生重要的影响,影响学生的处事态度与行事风格。

社会对学生的道德观念同样具有重要的影响,但由于在中小学阶段,学生主要活动的场所是家庭与学校,因此,社会对其道德观念的影响相对较小。由于中小学生涉世不深,且心理正处于快速发展阶段,很容易受到周围环境的影响,因此,学校和家庭需要重视对学生心理的保护,宣扬社会中存在的高尚美德,避免其被社会不良风气浸染。同时,学校应该充分发挥主观能动性,不断优化教学模式,创新教学方法,将德育、智育、美育结合在一起,使学生在感受美的同时追求善。

四、个人性格不断发展

与道德观念类似,学生的性格虽然有一定的先天遗传因素,但其形成主要受后天的影响。性格指的是一个人在长期的实践中形成的处事时相对稳定的态度和行为,是每个人个性的主要组成部分,是个性最鲜明的表现形式之一。比如,在待人接物上,有的人热情奔放,有的人温柔内敛;在工作和劳动时,有的人勤劳认真,有的人懒惰散漫;在面对困难时,有的人勇敢无畏,有的人怯懦恐惧;在处理问题时,有的人粗心大意,有的人认真谨慎。性格的种类有许多,每个人性格的形成也受诸多因素影响,由于青少年生理与心理具有快速发展的特点,其性格尚处于构建和形成的过程之中,会受到周围环境的巨大影响。

在很长的一段时期内,个体的性格都不是固定不变的,性格既会根据个体心理特征的变化而产生变化,也会受到不同环境和个体遭遇的影响,产生巨大的转变,性格的动态变化在青少年阶段更是表现得淋漓尽致。由于生理与心理的快速成长与自我意识的不断发展,青少年对于自身的性格特点也开始逐渐有了较为清晰的认知,伴随着年龄的增长,性格特点的变化幅度会逐渐减小。因此,良好的性格应当从幼年开始就进行培养。

为了培养青少年良好的性格,家长应该充分发挥自身言传身教的作用,注意自己的一言一行,在日常生活中,注意言谈举止的文明,为青少年做好榜样,同时注重培养青少年健康的兴趣爱好与高尚的情操,使其从小就知道什么是对的,什么是错的,什么是高尚的,什么是庸俗的。教师也应该充分发挥教育工作者的职能,不能只关注学生成绩的好坏,还要关注学生的性格特点与学习、生活状态,在文化课教学的同时重视美育的开展。教师应该充分了解每个学生的个性特点,并在此基础上因材施教,帮助学生发扬其自身的优点,克服其缺点,引导学生形成良好的性格。

第三节　美育对于青少年成长的积极作用

一、满足情感发展需要

（一）审美中的情绪与情感

1. 情绪与情感的含义

青少年正处于情绪相对敏感的阶段，这一阶段，青少年的情感发展迅速，情绪化成为重要的心理特征，分析美育对于青少年情感的重要作用，就必须明确情绪与情感的含义。

情绪与情感都是人们对于客观世界的一种主观反映，受客观事物影响，具有浓厚的主观色彩。情绪与情感是一对相互联系而又相互区别的概念，情绪具有短期性、不稳定性，情绪受情境影响较为严重，随着具体情境的改变，人的情绪也会不断产生变化，情绪一般具有明显的外部表现，是一种外露的情感表达。情感则具有长期性与稳定性，是在人们长期的生产生活实践中逐渐形成的，是一种与人类社会需要相联系的内心体验。

情绪与情感产生于人的认识过程，表现为人对客观对象的一种主观态度，这种主观态度与人的思维方式、需求、理想密切相关，这也是情绪和情感这两种主观情感与认识的最大不同之处。认识是人对客观对象的主观反应，但是，人并不是对所有的客观对象都会产生情绪或情感，只有那些与人们的需求、理想、实践活动关系密切，对人们实践活动产生影响的客观对象，或客观对象之间的关系，才能引发人们的情绪波动，使人们产生一定的情感。那些能够满足人们主观需要的客观事物，能够引起人们的积极情感与情绪，而那些不符合人们需要的客观事物，则会使人们产生消极的情绪，为人们带来不好的情感体验。

2. 审美中的情感活动

审美与情感之间的联系十分密切，审美是人类情感表达的一种。审美感受最为显著的特点之一，就是它带有浓厚的主观情感因素，人们对事物的情感表达，本身就是审美判断的具体表现。

比如，当人们欣赏绘画作品时，不同的绘画作品会带给人不同的感觉。绘画作品的构图、色彩、线条等因素，都会对人们的情感产生影响。当我们欣赏奥斯卡-克劳德·莫奈的《撑阳伞的女人》时，感受到的是惬意、恬静与美好；当我们欣赏列奥纳多·达·芬奇的《蒙娜丽莎》时，感受到的是深邃与神秘；当我们欣赏保罗·高更的《我们从何处来？我们是谁？我们向何处去？》时，则会产生对于生命的哲思。不同的绘画作品寄托着作者不同的思想与情感，作者的这些思想与情感都蕴含在色彩的运用、线条的描绘及精心的构图之中，而这些情感以"形象的美"为载体，能够跨越时空，通过审美活动引发不同时代、不同地域的人们的情感共鸣，而由于时代、生活方式、实践活动的不同，人们在审美的过程中也会融入自身不同的情感，产生不同的体验。

审美情感活动的基础是认识活动，只有对一个事物产生认识时，它才能对人的情感产生影响。但是审美中的情感与认识不能画等号，因为审美情感以形象思维为认识的依据，且审美情感与人的实践体验、审美对象之间具有紧密的联系，是一种具有浓厚主观色彩的认识活动。审美中的情感是可以相互传递的，这是由情感的感染性与美的感染性所决定的，因此，审美中的情感活动的另一个重要特性就是它的感染性。

比如，当我们阅读尼古拉·阿列克谢耶维奇·奥斯特洛夫斯基的《钢铁是怎样炼成的》时，能够从主人公保尔·柯察金的人生历程中感受到巨大的力量，这种力量源于完成伟大的革命事业与保卫祖国的决心，源于在艰难困苦中战胜敌人也战胜自己的刚毅不屈，源于对祖国和人民深厚的情感，源于人类解放事业的崇高理想。奥斯特洛夫斯基将这种钢铁般的精神灌注在文字之中，激励了一代又一代的人，促使人们怀着满腔热血，投入国家与社会建设的伟大事业当中；促使人们艰苦奋斗，为追求美好生活而拼搏不息；促使人们不惧艰难，勇于面对生活中的种种挑战，这就是审美情感感染性的生动体现。

综上所述，情感与情绪是人们对于客观事物的主观反映，其中蕴含着人们丰富的主观印象与主观价值判断，与人们的实践活动关系密切。而审美情感则是人们情感与情绪在审美过程中的体现，人们带着自己的主观情感开展审美活动，同时也会在审美活动中受到情绪感染，因此，审美活动与人类情感之间的关系十分密切。

（二）美育对于青少年情感发展的作用

1.促进青少年情感的解放

美育有利于青少年情感的解放，这是由于审美本身就是情感不断丰富、升华的过程。美育通过对青少年展开审美教育，陶冶青少年的情操，促使青少年的情感得到抒发与解放。

情感的丰富与表达的前提是情感的解放，相对于大学生以及迈入社会的人来说，青少年的生活较为单调，生活场所以学校与家庭为主，假若没有情感的解放，青少年的思维和情感将在一定程度上被束缚。没有情感的解放，青少年的情感抒发与表达也会受到限制，仿佛给心灵套上了沉重的枷锁，而没有情感的自由表达，就难以使情感得到陶冶，不利于青少年身心的健康成长和持续发展。

对于青少年来说，一方面，他们情感发展迅速，随着年龄的增长，青少年的生理特征与心理特征逐渐明显，相较于幼年时期，对于自身所处的世界以及人与人之间的关系有了崭新的认识，情感也产生了跃进式发展。另一方面，青少年的情感表达能力尚有所欠缺，这是由于青少年阅历尚浅，且知识的掌握量也不够丰富，学生自身的知识与阅历不足以支撑其复杂情感的表达。青少年情感发展过程中遇到的诸多问题，需要通过美育来解决。

美育的首要任务就是促进青少年情感的解放，针对青少年的生理、心理及情感发展的特征。一方面，美育需要为青少年提供情感抒发的途径，帮助青少年通过科学、合理、正确的方式实现情感的表达，使学生能够将内心所想充分地展现出来。另一方面，美育需要注重青少年表现能力的提升，青少年只掌握情感表达的途径是不够的，还需要充分发挥主观能动性，将自身的情感与具体的情感抒发途径有机结合，这也是提升青少年创美能力的过程。

审美鉴赏教育和艺术技能教育是青少年美育的重要环节。在青少年阶段，一般来说，随着年龄的增长，对于学生的审美鉴赏能力与艺术技能水平的要求越来越高，学生的课业压力也会逐渐增大。若在中小学的初期没有打下良好的美育基础的话，青少年后期审美鉴赏能力与艺术技能的提升将会变得较为困难，这样会导致学生审美兴趣与艺术学习兴趣的降低。因此，美育应该重视对青少年审美鉴赏能力与艺术技能水平的培养与提升，以免造成青少年"眼高手低"的身心错位。同时，要保证这一过程中青少年情感的表达与个性的发挥，为青少年审美综合素质的提升打下良好的基础。

2. 促进青少年情感的丰富

美育的另一重要作用是促进青少年情感的丰富，美育通过多种方式和途径，促进青少年情感的发展，在这一过程中，帮助青少年不断完善对于美的认知，并使青少年的情感得到不断丰富。

青少年的情感与其成长环境与生活状态密不可分，成长带来的情感变化具有一定的普遍性与先天性，这种情感变化的基础是青少年的生理特征、心理特征、生活状态的改变。而青少年的情感不能仅仅局限于对身边事物的感受，还要向更大的范围进行扩展，即丰富对自然、艺术、品德、文学等领域的审美情感，这一过程主要是通过美育来完成的。

美育促进青少年情感的丰富，主要的途径就是将美育与具体课程以及实践活动充分结合。比如，学生在日常生活中会通过媒体、设备接触到绘画、音乐等艺术类型，并产生一定的审美体验，但这种审美体验是分散的、不成体系的，学生只是对具体的绘画以及音乐作品产生审美情感，表现为喜欢或者厌恶等直观的情感，但是不能对绘画或者音乐作品进行审美鉴赏，若想系统地培养和丰富学生的审美情感，就需要充分发挥美育的作用。

中小学美育在课程上主要表现为以下两种形式。

一是专门的美育课程，主要是美术、音乐等艺术类课程以及思想品德教育类课程。这种课程一般会对美育进行系统、全面的讲解，从审美鉴赏到审美判断，使学生能够更加全面地了解美育的具体教育内容。比如，在美术课程中，教师会根据知识模块展开教学活动，有油画模块、水墨画模块、水彩画模块、素描模块、雕塑艺术模块，等等。这些模块教学能够全面丰富学生的审美情感，并系统性地提升学生的审美水平。

二是将美育与其他课程相结合。这种方式的特点是潜移默化，在课程教学的过程中渗透美育的知识。比如，在语文教学中，课文的主旨普遍包含美育的思想，教师在对课文进行讲解时，就可以引导学生对课文中的美育思想进行探索。

中小学美育在实践上主要表现为学校组织开展一系列校内校外的美育实践活动，如参观艺术展览、开展爱心服务、观看美育电影。美育实践能够给学生带来更加直观的审美感受，深化学生对于美育的理解，丰富学生的美育情感。

3. 引导青少年情感向正确的方向发展

青少年情感发展迅速，但是具有一定的复杂性与不稳定性，在青少年情感发展的过程中，应该给予其正确的引导，使其向着正确的方向发展。

青少年的情感波动较大，容易受到周围环境以及其他思想的影响，而青少年正处于生理和心理的发育期，也是世界观、人生观、价值观萌芽的时期，这一时期青少年审美情感的发展尤为重要。正因为如此，更应充分发挥美育对青少年审美情感的引导作用，教育工作者应该充分利用美育课程与美育实践，引导青少年确立正确的价值情感。

二、满足个性发展需求

（一）青少年个性发展的重要性

青少年的个性发展与个人发展是相辅相成的，青少年的个性是在个体成长与发展的过程中逐步形成的，而青少年个性的发展又会反过来对青少年的成长产生重要的影响。个性主要由两部分组成，分别是个性倾向性和个性心理特征。

1. 个性倾向性对青少年发展的影响

个性倾向性是人在一定的社会历史条件下形成的个体意识倾向，它表现了人对活动对象的选择性和倾向性。个性倾向性包括需要、动机、兴趣、理想、世界观和价值观等。

（1）需要和动机对青少年发展的影响。个体为了生存与发展，会产生各种各样的需求，这些需求反映在人的脑海中，就成了需要。在心理学领域，需要对动机具有刺激作用，需要的产生会带来一定的动机，而有了动机，才会产生有意识的行动。因此，需要和动机是人们从事实践活动的重要动力源泉，直接影响着个体的发展，对青少年来说，这种影响尤为明显。

需要和动机具有显著的行为驱动作用和行动指向性，能够唤起和强化人们的行动，指导人们的实践。需要和动机表现在人们社会生活中的方方面面。比如，你走进商场或者超市，是因为你具有购买商品的动机；你打开书籍进行阅读，是因为你具有获取知识的动机；你进行写作，是因为你具有通过文字表达情感的动机。由于生活环境与发展需求的不同，不同的个体会产生不同的需要和动机，而不同的需要和动机则会导致不同的行动，进而影响个体的发展方向。

　　青少年正处于个体发展的初级阶段，而需要和动机对青少年的发展具有重要的导向作用，正确的需要和动机能够促使青少年向正确的方向发展。反之，不符合青少年身心发展规律的需要和动机则有可能使青少年误入歧途。因此，需要和动机对青少年的发展具有重要的影响，需要引起学校、家庭、社会和青少年个体的重视。

　　（2）兴趣和爱好对青少年发展的影响。兴趣是一个人乐于积极接触和认识某种事物的一种心理倾向，进一步发展成为乐于从事某种实际行动的倾向性，就成了个体的爱好。兴趣和爱好对个体的发展起着十分重要的作用。特别是对正处在心理快速发展期的青少年来说，兴趣与爱好对个体的促进作用更加明显。

　　兴趣和爱好能够提升青少年学习的积极性，激发青少年的求知欲。兴趣具有浓厚的情感色彩，能够使人集中精力去从事某种活动。求知欲就是兴趣在知识领域的体现，对知识的渴求会激发学生学习的兴趣，使学生乐于学习。学生有了学习的兴趣，就会主动去求知，逐渐提升自主学习能力，进而提升学习效果。

　　在教学实践中，经常能发现学生偏科，或者学生个体的某一门学科成绩尤为突出的现象，这种现象在中小学阶段表现得尤为明显。这种现象的出现，有很大一部分原因是学生对于不同科目的兴趣不同。比如，对于历史感兴趣的学生，可能在入学前就在家庭中接受过历史知识的熏陶，因此在历史课堂上通常会认真听讲、积极踊跃，主动探求历史知识，提前预习课本内容，积极参与课堂讨论，这类学生的历史成绩也会相对较高；如果学生对于历史不感兴趣，那么在课堂上就会表现得非常沉闷，甚至连记忆历史课本上出现的人名、地名都会成为难事。而在具体的历史教学中，学生对于不同历史模块的学习也在很大程度上受兴趣的影响。比如，有的学生喜欢学习中国古代史，而对中国近代史缺乏兴趣；有的学生喜欢学习政治制度与王朝兴替，而对历史上的文化创造与经济开发缺乏兴趣。兴趣对于学习的作用在学生的试卷中体现得非常明显，由此也能看出兴趣对于学生学习的重要影响。

　　兴趣是学习重要的驱动力，同时还可以起到强化学习效果的作用，在任何学习阶段，兴趣对于学习的重要性都不容忽视。在教育中，应该重视学生的个性以及兴趣，并加以科学引导，促进学生更好发展。

　　（3）理想和信念对青少年发展的影响。理想和信念对人具有重要的鼓舞作

用，人们的学习、工作和生活离不开理想和信念的支撑。理想与信念密不可分。一个人的理想，体现着一个人的信念和追求。信念可以使人们在追求理想的过程中获得一种强有力的精神力量，这种精神力量鼓舞人们为了理想而坚持不懈地奋斗下去。只有建立了科学的理想和信念，人们才会积极投身于自己热爱的事业，勇于面对奋斗过程中遇到的艰难坎坷，披荆斩棘，努力奋斗。

古往今来，理想与信念鼓舞人们前行的事例不胜枚举。中国共产党诞生于国家危难之际，无数革命志士抛头颅、洒热血，为了赢得国家独立与民族解放而不懈奋斗，奉献终生。在第五次反"围剿"失败后，红军开始了漫长且壮烈的长征之路，"五岭逶迤腾细浪，乌蒙磅礴走泥丸"，遵义会议之后，随即四渡赤水，穿越云贵川，随后巧渡金沙江，强渡大渡河，翻越雪山，穿越草地，在经历了无数次战斗之后终于成功会师。长征的胜利是一个奇迹，而奇迹得以实现的重要的原因之一，就是全体红军指战员拥有着崇高的理想和坚定的信念，这种理想和信念鼓舞着红军克服一切艰难险阻，取得了一次又一次胜利。

理想和信念对个体的发展具有重要的推动作用，对青少年来说，科学的理想和信念有利于其塑造积极健康的个性倾向。有了科学的理想和信念，就有了精神追求与前进的动力，能够朝着目标不懈努力。若是没有科学的理想与信念，就会导致人生没有明确的方向，失去努力的动力。因此，在中小学阶段，要重视引导青少年树立科学的理想与信念。

2.个性心理特征对青少年发展的影响

（1）不同的性格类型对青少年发展的影响。性格是在个体的社会实践过程中逐渐形成的对于现实的相对稳定的态度，是个性心理特征的重要内容。性格的形成受诸多因素影响，如基因遗传、成长环境及社会环境。

性格对青少年的发展具有重要的影响，不同的性格类型会影响青少年处理事物的态度与方式。理智型性格在心理上表现为具有较强的好奇心，性格沉稳，行为谨慎，逻辑分析能力较强，善于思考，对于新事物的接受能力较强。这种性格特征对于学生学习新知识、掌握新方法、培养创新精神是十分有利的，有利于促进学生科学文化素质的提升。同时，理智型人格的人喜欢探索与怀疑，看重逻辑与推理，因此，容易造成性格沉闷、钻牛角尖、思维极端化。情绪型性格在心理上表现为热情高、爱激动，在行为方式上则表现为爱争论、易兴奋。

这一性格特征有利于青少年追求知识、弄清道理、开拓思维。但是情绪型人格的人情感波动较大，易受外部事物影响，学习与工作缺乏持久性，在青少年阶段，情绪型性格的学生在人际交往中容易与人发生冲突，影响与同学和老师之间的关系，对个人的发展产生不利影响。

（2）不同的气质特征对青少年发展的影响。气质是一种比较稳定的个性特征，是最基本的心理特征之一，气质对人的具体行为并没有直接的影响，个体的行为是由其价值观与个性倾向所决定的。但是，气质对个体的行为方式具有重要的影响，而行为方式会直接影响到人们的行为选择和行为效果。

首先，气质是学生个性的外在表现，但同时也会对学生个性的发展产生重要的影响。应当根据学生不同的气质特点，利用积极因素，因势利导，发展素质，同时也要帮助学生克服气质特征中的不利因素，塑造良好的个性。

其次，不同的气质类型对学生的学习同样具有重要的影响，学生的气质反映在学习上就是学生对待学习的态度。有的学生对待学习态度积极，敏而好学，不耻下问，这是学生好学、谦虚、尚知气质的表现；有的学生对待学习的积极性较差，在课堂上或表现沉闷，或不遵守纪律，对于作业蒙混过关，这是学生散漫、浮躁的气质所导致的。因此，学生的气质对于学生学习态度的影响十分巨大，纠正学生的学习态度，提升学生的学习成绩，应该注意学生崇学尚知气质的培养。

最后，气质对个体的身心健康同样具有重要的影响。气质是人们心理个性的反映，同时对人的心理个性建设具有重要的反作用。气质直接影响人们的态度、脾气与心理过程。脾气对个体身心健康的影响十分严重，脾气暴躁的人容易激动，而人在激动时会使神经活动异常亢奋，心跳加快，血压升高，如果长期发脾气，就会对身体产生危害。同时，脾气不好还会严重影响个体的人际关系，经常发脾气会导致自己与其他人之间的关系恶化，不利于自身的发展。再比如，阴郁的气质会使人产生消极的态度，在面对困难时容易退缩，不喜欢与人交流，容易产生伤感的情绪，呈现出一种相对封闭的心理特征，这种气质同样也会对人的身心健康产生不利的影响。因此，在中小学教育中，要充分利用青少年气质特征中的积极一面，克服其不利的一面，并提供科学的引导，帮助学生培养良好的个性。

（3）自我意识对青少年发展的影响。自我意识是个性心理的主要特征，有一

个由许多因素构成的体系，包括自我认知、自我体验、自我调节等。自我认知是从自身出发，发现自己的优点与不足，对自身有一个全面的认知。自我体验即从自身的主观感受出发，认清客观。自我调节则是个体对主观意识和行为的调控。

个体在不同情况下会形成不同的自我意识，不同的自我意识又会支配人们的心态与行为，影响人们的实践。因此，自我意识对实践具有重要的影响，不同个体之间自我意识的差异会直接导致行为结果的不同。如果自我意识符合实践发展的规律，那么就会有利于个体的成长与发展；如果自我意识不符合实践发展的规律，那么就会对个体的发展起到阻碍作用，甚至造成性格缺陷与人格障碍。

自我意识对实践的影响还体现在影响个体的发展方向上，个体的发展方向很大程度上是由个体的自我意识所决定的。意识对实践具有重要的反作用，个体基于实践产生发展的需要，这种需要经过主观意识的加工形成自我意识，自我意识会指导个体向什么方向发展，以及采取何种发展方式，个体则在自我意识的指引下采取具体行动。比如，据实验调查，如果学生对于具体课程的重要性具有明确的意识，就会提升在该课程学习上的积极性，努力进行课程的学习，并取得明显的进步。

（二）美育对于青少年个性发展的作用

青少年正处在个性的形成与发展期，个性发展的好与坏直接影响到青少年的学习、生活和成长，美育对于青少年个性的发展具有重要的促进作用，具体内容如图3-2所示。

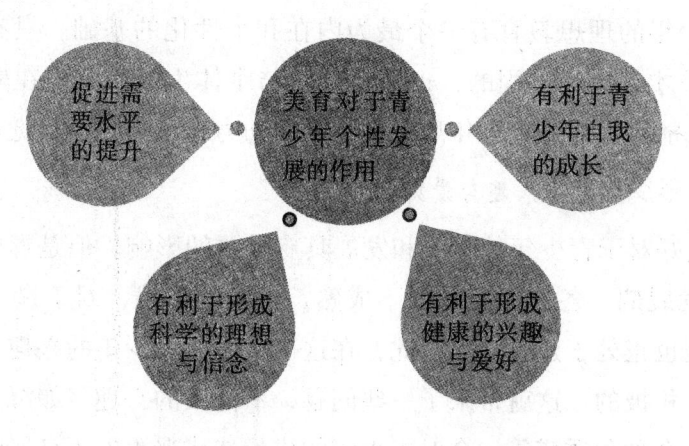

图3-2　美育对于青少年个性发展的作用

1. 促进需要水平的提升

需要和动机是个性的重要组成部分,与动物不同,人的需要和动机具有明显的社会性,受社会影响很大,人可以根据社会与自身的发展,调整和提升自己的需要,进而产生更高层次的动机。美育对于青少年的需要与动机具有重要影响,主要体现在美育将青少年不断产生的个体需要引向正确的社会需要,使社会需要与青少年的个体需要有机结合,相互协调,形成更高水平的需要,为青少年向正确的方向发展提供驱动力。

俗话说"爱美之心,人皆有之",这里的美不仅仅指形象美,更是一种哲学意义上的美,是人们对于美好事物的追求,是人们对于美好生活的向往,是个体发展的需要。然而,个体这种对于美的需要并不都是有意识的,儿童对于美的追求一般是自发的,是一种单纯的喜爱,往往是一种无意识的行为。到了中小学阶段,伴随着个体生理、心理的成长,同时受到教育与各种社会思想的影响,有的青少年会形成对于美的自觉意识,而有的则不会,这就表明,需要的发展不是自发的,而是需要教育和引导的。

2. 有利于形成科学的理想与信念

个体对于美的需要与追求,是青少年形成科学理想与信念的重要基础,美育通过培养青少年正确的审美观,使他们对人类的审美需要和审美价值有一种自觉的认识,形成主动地追求美和创造美的审美理想。这对于培养一代有理想青少年具有不可估量的积极意义。因为审美理想同个性生命需要紧密相连,它是充分内化了的社会、人生理想,倘若把青少年的理想发展寓于审美理想之中,就可以使青少年的理想教育有一个最为内在和个性化的基础。只有这样,青少年理想的发展才是比较牢固的;也只有这种与个体生命需要内在融合了的社会人生理想,才能真正成为青少年思想和行动的动力,成为他们自觉追求的目标。

3. 有利于形成健康的兴趣与爱好

兴趣与爱好对于青少年的学习和发展具有重要的影响,但是青少年正处于生理和心理的发展期,各方面发育尚不成熟,社会阅历浅,对于世界的认知较为模糊,价值观也正处于建立期,因此,在这一阶段,青少年的兴趣爱好并不一定都是健康的、积极的。这就带来了一些问题,不健康的兴趣,如沉迷网络、校园暴力、深陷社会种种诱惑等,会对青少年的成长造成严重的不良影响。若想帮助青少年形成良好的兴趣与爱好，就需要充分发挥美育的作用。

美育重视对于青少年审美、品德、修养的培养与提升，在中小学教学过程中，教师应该将美育的相关理念渗透进具体的课程之中，通过日常知识的教学将美育的理念根植于学生的内心，使学生明白何为高尚、何为卑劣、何为美、何为丑、何为正确、何为错误。另外，中小学还应该重视艺术类课程的教学，艺术是形象美的集中体现，艺术教育是培养和提升学生审美能力的最直接的途径，因此，重视艺术类课程的教学，可以充分陶冶学生的情操，培养学生对于美的追求。

科学开展美育工作，将会帮助学生形成良好的审美素质，进而将热爱美、追求美的审美情感融入学生自身的个性之中，形成良好的兴趣与爱好，激发自身学习的动力，不断实现自身的发展。

4.有利于青少年自我的成长

青少年时期是个性成长最为迅速的时期，其重要标志之一就是自我意识的确立。青少年虽然强烈地要求自我独立，但他们对自我的认识十分薄弱。虽然美育不是一门教给学生如何认识自我的具体的课程，但是认识自我的理念蕴含在美育的方方面面。比如，美育鼓励青少年通过艺术作品表现自我，彰显自己的个性。在美术教学中，教师在教授学生基本美术理论与绘画技法后，会让学生结合所学内容自由发挥，进行绘画练习，不同个性特点的学生会画出不同类型、不同风格的作品，这一过程就是学生发现自己、认识自己的过程，而学生对于绘画作品的评价，同样也是学生评价自我的过程。再比如，在语文教学中，写作训练是必不可少的教学环节，学生根据主题进行写作，将自己内心的理解与感受通过文字表达出来，这一过程就是学生审视自己内心、表达自己情感的过程。

三、促进智力与道德的发展

（一）促进青少年智力的发展

1.青少年智力发展的特点

从智力发展时序上看，一般来说，青少年的智力随着年龄的增长而不断发展。在初中阶段，智力水平发展速度加快；在高中阶段，智力发展进入成熟期，发展增速降低。从智力发展内容上看，青少年的思维内容不断丰富，思维能力不断提升，青少年的逻辑思维能力不断发展，抽象逻辑思维逐渐占据发展优势，思维的深刻性逐渐加强。

从微观来看，青少年智力的发展是不平衡的，智力包括流体智力与晶体智力。流体智力是一种以生理为基础的认知能力，如知觉、记忆、运算速度、推理能力等。而晶体智力主要包括习得的技能、语言文字能力、判断力、联想力等，晶体智力是不会随着年龄的增长而衰退的。青少年正处于智力的快速发展时期，已经具备了一定的推理能力和理解能力，可以充分运用抽象思维进行复杂的思考。在中小学美育中，应该重视对学生思维的培养与锻炼，给予学生更多的思维训练机会，锻炼学生的自主思维能力，保证两种类型智力的协调发展。

青少年正处于智力的快速发展期，个体的许多特长和才能都是在青少年阶段展现出来的。但这种才能的展现有时表现为具有浓厚的兴趣与爱好，有时却仅仅是昙花一现，这就需要教师和家长充分关注青少年的成长，重视青少年思维的发展，并予以正确的引导。

2.美育对于青少年智力的促进作用

美育对于青少年智力的促进作用，首先表现在美育有利于青少年创造力的提升上。创造性是智力的重要内容，也是智力发展的体现，创新是引领发展的第一动力。创新的重要性，表现在个体上，就是创造力的培养和提升。创造力的培养和提升离不开知识积累和智力训练，只有牢固的知识基础搭配上灵活开放的思维，才能实现创造力的不断提升。

在孩童时代，个体的想象力天马行空，创造是一种自发的、充满童趣的活动。儿童因为对世界万物充满好奇，所以具有旺盛的探索欲与创造欲，但这种创造欲会随着年龄的增长呈现衰退的趋势，这是因为青少年随着年龄的增长、实践经验的丰富和接受教育的增多，逻辑思维不断增强，创造性思维会因为逻辑与现实的影响而逐渐削减。创造力是当今时代和个人发展的重要推动力量，因此，在中小学教育中，要重视对学生创造力的培养和提升，这同样也是促进青少年智力发展的重要路径。

美育是促进青少年智力发展的重要途径，美育的核心任务是促进学生审美素质的提升。审美素质中的审美能力与创造力具有密切的联系,艺术与文学的创造力与审美能力之间的密切联系自不必说,科技创造与审美能力也具有密切的关系。许多科学技术创造中都蕴含着美的要素。科技创造的目的就是改善人们的生活,提升生产力,这一目的符合人们对于美的追求。而作为科技创造主体的科学家,更需要具备强烈的好奇心与求知欲,以及优秀的创新精神与创新思维能力等品质,这些品质也符合人们对于美的理解。

美育重视青少年个性的发展,个性的发展可以使青少年在创造性实践中融入自己的理解,以自己独特的方式去尝试、探索和构造。创造力的另一个重要因素是充分发挥自由想象力,而青少年想象力发展的重要途径就是审美活动。在审美活动中,青少年被美所感染,产生追求美的需要。无论是音乐和美术作品欣赏,还是文学阅读与艺术创作,都有助于打开青少年的想象空间,开拓青少年的思维。

(二)促进青少年道德的发展

1. 青少年道德发展的重要性

人具有社会性,人的成长与发展离不开社会,因此,青少年的成长,不仅仅是个性的成长,同时也是社会性的成长。道德作为重要的社会学概念,规范着人们的生活与行为。社会发展需要法治与德治相结合,法律是对道德底线的约束,道德则作用于人们的心理,对人们的日常行为具有普遍的约束作用,对社会的发展具有重要的规范作用,同时,道德对于个人的发展也具有重要的促进作用。

习近平总书记在山东考察时曾讲道:"国无德不兴,人无德不立。必须加强全社会的思想道德建设,激发人们形成善良的道德意愿、道德情感,培育正确的道德判断和道德责任,提高道德实践能力尤其是自觉践行能力,引导人们向往和追求讲道德、尊道德、守道德的生活,形成向上的力量、向善的力量。只要中华民族一代接着一代追求美好崇高的道德境界,我们的民族就永远充满希望。"由此可见,道德对于国家、社会与个人发展的重要意义。

2. 美育对青少年道德发展的作用

青少年正处于相对较早的心理发展阶段,因此,在培养和形成良好的道德意识的过程中,往往会产生一种情与理的矛盾,这种矛盾是青少年个性与社会性冲突的表现。青少年情感波动相对较大,容易激动,在情绪冲动或者无人监督的情况下,往往会出现情理不协调的情况。若想缓和青少年这种情与理之间的矛盾,就需要充分发挥美育的作用,对学生的情感进行审美化陶冶。

美育是情与理相互协调的中介,美育通过培养和提升学生的审美能力,使学生善于发现美,能够赏析美,进而创造美,使青少年在审美活动中,被美所感染,自觉接受美的熏陶,并在不知不觉中提升自己的审美情趣与审美境界。比如,优秀的艺术作品中通常包含正确的、符合社会发展的道德价值取向。苏轼的《赤壁赋》,展现出了作者旷达乐观的人生态度与超然物外的人生境界;于谦的《石灰吟》,表现出了作者积极进取的人生态度和忠诚坚贞的凛然正气;杜甫的"三吏三别"则深刻地写出了民间疾苦,体现了作者对人民疾苦的深刻同情;文天祥的《正气歌》一句一典,通过对历史英雄事迹的歌颂,表达自己宁死不屈的精神,充分体现了作者崇高的民族气节和强烈的爱国主义精神;秦观的《鹊桥仙·纤云弄巧》则借牛郎织女悲欢离合的神话故事,讴歌了纯洁、坚贞的爱情。阅读和学习这些作品,青少年就会被作品中蕴含的高尚道德品质所感染,并逐渐形成正确的道德认知和道德品质。

第四节 青少年审美情趣与审美能力的培养

一、青少年审美情趣的培养

(一)审美情趣的重要性

人的审美情趣决定了个体对自然美、社会美和艺术美的态度。有的人对于美的事物倍加爱惜,悉心呵护,有的人则对美的事物肆意破坏;有的人对于丑恶的事物深恶痛绝,有的人则对丑恶的事物充满好奇,并产生向往之情。这都是由审美情趣的不同导致的。

审美情趣因人而异,是多元化的,但是审美情趣也有正确与错误之分,有健康与不健康之分。健康的审美情趣爱美、尚美,能够为人们审美素质的提升与个人的发展指引正确的方向。不健康的审美情趣则厌弃美好的事物,以丑为美,

容易将人引入歧途。多元化价值观不是培养不健康审美情趣的理由，审美情趣的多元化发展应该以健康的审美情趣为前提。

在我们的日常生活中，存在一些青少年以破坏美为乐。比如，刚建好的雕塑或建筑，他们在上面乱涂乱画；郁郁葱葱的花草树木，他们去胡乱攀折；在安静的博物馆或艺术观众，他们追逐吵闹。这些都是缺乏健康审美情趣的表现。青少年正处于生理与心理的发展期，价值观还未成型，容易受到社会不良思想的影响，形成不健康的审美趣味，养成不良的习惯。面对这种情况，需要正确审美理念的引导才能实现青少年审美素质的提升，进而提升青少年的道德水平，帮助青少年实现更好的发展。

（二）青少年审美情趣的培养

青少年审美情趣的培养，是不能靠理论灌输来完成的，需要从对美由浅入深的欣赏中自然而然地产生。因此，对于青少年审美情趣的培养，必须从小学开始，逐步开展。

审美情趣是人们对审美对象所抱有的情感和兴趣，审美情趣的培养需要借助具体的课程来开展。学生通过对美术、音乐课程的学习，可以感受到艺术之美，培养学生艺术美的情趣；通过体育课程的训练，培养学生运动美的情趣；通过对语文、数学、物理、化学等课程的学习，培养学生文学艺术美与科学美的情趣。

在课程教学中，教师应该将知识讲解与审美欣赏结合起来，将发展智力与陶冶情操结合起来。以音乐课为例，在课堂上，教师不仅要教授音乐理论知识，还要培养学生的音乐鉴赏能力，同时还要教给学生如何唱歌。儿童对于音乐的喜欢普遍源于本能，是一种无意识的审美活动。而青少年对于音乐的欣赏则是一种具有较强主观意识的审美活动，学生在课堂上了解更多的音乐知识，欣赏更多的经典乐曲，就会逐渐培养和提升自身的音乐审美情趣，加深对于音乐的理解，进而感受到音乐之中蕴含的美。

青少年审美情趣的培养，还需要重视审美情趣与道德之间的联系，就如同我们在前文提到的青少年诸多不文明行为，这既是一种缺乏健康审美情趣的表现，也是一种缺乏道德修养的体现。审美情趣会对青少年的价值判断产生影响，因此，在开展美育的过程中，要重视与德育相结合，在培养学生健康审美情趣的同时，提升学生的道德水平。

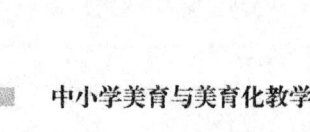

二、青少年审美能力的培养

（一）审美能力的重要性

从内容来看，审美能力主要包括两个方面，分别是审美感受能力和审美创造能力。审美感受能力指的是人的感受器官对于美的感受能力，审美创造能力指的是人们根据美的标准，充分发挥主观能动性，进行自由创造美的事物的能力。

审美能力是现代青少年必不可少的素质，审美不仅仅是一种技巧的体现，更是一种热爱美、追求美、热爱生活的情感体现。审美能力对于青少年成长与发展的重要性表现为以下两点。

首先，审美能力对于价值判断具有重要的影响，青少年如果具有较高的审美能力，就会对生活中的美与丑有一个较为清晰的判断，能够在纷繁复杂的世界中认清什么是美的、高尚的、值得学习的，什么是丑的、低劣的、需要远离的。

其次，审美能力可以帮助青少年提升审美鉴赏能力。审美活动不仅仅要求学生具有正确的价值观与科学的审美判断，还要求学生具有一定的审美水平。审美水平的提升不是一朝一夕就能完成的，不仅需要专业的审美教育，还需要审美经验的日积月累。比如，学生看到一幅画，不能仅仅意识到这幅画是美的，还应该明白它美在什么地方，为什么美，这就需要从画作的意境、内涵、结构、色彩及绘画的技法等方面进行赏析，这种赏析的能力就是学生审美水平的体现。因此，审美能力的培养和提升可以帮助青少年深化对于美的认知，提升审美水平，增强审美综合素质。

（二）青少年审美能力的培养途径

青少年的审美能力通常是由以下三个方面决定的，一是思想水平，二是生活阅历，三是文化艺术修养。因此，要提高青少年的审美能力，也应当从这三个方面去培养和提高。

1. 提升青少年的思想水平

提升青少年的思想水平，就必须重视马克思主义理论的教学，在社会主义核心价值观的指导下，逐步帮助学生树立正确的世界观、人生观和价值观。同时，还要重视丰富学生的科学文化知识，包括语文、英语、数理化、史地政等

各个学科的知识，学习这些知识是提升学生的智力与思维能力的主要途径。当然，提升学生的知识水平，除了课程教学之外，还应该培养学生的自主学习能力。自主学习能力的提升，可以帮助学生更好地实现终身学习。

2.丰富青少年的生活阅历

要想丰富青少年的生活阅历，首先就要拓展学生的视野，教育工作者应当引导学生从不同的角度去观察和欣赏自然景物与社会生活，使学生的视野不仅仅局限于学校与家庭环境之中。学校可以利用节假日的机会，组织学生参观名胜古迹、参观科学文化展览、开展公益活动，等等。古人也重视生活阅历对于个体发展的重要作用，提倡"读万卷书，行万里路"。当然，组织学生参加活动也应该重视方式方法，要根据不同年级学生的特点合理地安排活动内容，同时注意不能影响正常的教学活动。

3.提升青少年的艺术修养

提升青少年的艺术修养，最为关键的就是重视美术、音乐、体育等课程的建设。在这些艺术类、体育类课程的教学法当中，要增加艺术鉴赏的内容，加强有关艺术美的审美教育，具体方式有以下几种。其一，要结合教材内容，由浅入深地教授学生相关艺术理论的基础知识。其二，教师应该引导学生充分运用艺术基本理论进行审美鉴赏，在深化学生对于艺术基本理论理解的同时，提升学生的审美水平。其三，要通过课外阅读和文体活动，积极培养学生自学的习惯和能力，使学生能够将所掌握的艺术知识与审美技巧运用到创作之中，提升学生创造美的能力。

第四章 中小学美育概况

相比学前阶段与大学阶段，中小学阶段的学生身心发展具有鲜明的特点，这一时期是个体成长的重要阶段，时间跨度长、教育内容多，是青少年认知体系与道德体系架构的重要时期，这也造就了中小学美育鲜明的特点。要想研究中小学美育，就必须要从具体实践出发，明确中小学美育的必要性与特点，并从我国中小学美育的发展历程中总结经验，探寻其可提升的空间。

第一节 中小学美育的必要性

一、中小学教育及其对于美育的需求

（一）中小学教育概述

中小学美育，顾名思义，指的是对在校的小学生与中学生进行的美育。我国小学教育招收六到七周岁的孩子入学，小学教育的任务是给儿童以全面发展的基础教育，为其接受中等教育打下坚实的基础。

我国的中等教育包括初级中学、高级中学、中等专业学校和技工学校等各类中等职业技术学校及业余中学，对学生实施中等普通教育和专业教育。它一方面为国家培养劳动后备力量，另一方面为高一级的学校输送合格的新生。

中小学阶段对于个体的成长具有十分重要的影响，主要是因为中小学教育阶段正处于个体的青少年时期。青少年时期是人系统认识世界和学习知识的关键

时期，人的世界观、人生观和价值观的基本架构在此时间段开始构建。一个人，无论是进入社会开展工作，还是继续学习深造，都需要具备一定的基础知识，而这些知识的获得主要靠的就是中小学教育。

（二）中小学教育对于美育的需求

中小学生人数众多，时间跨度较长。在中小学教育中，美育是十分重要的组成部分，对于培养德、智、体全面发展的人才具有重要的作用。

从小学到中学，学生的心理、生理发展十分迅速，在这种快速成长的关键期，学生的学习负担逐渐加重，学习内容逐渐加深，学生的课业压力加大。学生大量接触理论知识的学习，很容易感到枯燥，或者在学习的过程中遇到一系列困难。美育有利于帮助学生放松精神、调整情绪、获取力量、提升学习的兴趣、陶冶情操，给予学生足够的学习动力，帮助调节学生的学习与生活状态。

中小学生由于生活阅历和实践经验较为缺乏，思维能力还处于不断发展之中，很容易受到外界事物的诱惑与影响。在这一阶段，中小学生的心理发展与价值观塑造非常值得重视，美育的重要作用正是帮助中小学生树立正确的价值观，不受外界不良事物的影响，快乐、健康地成长。

因此，无论是德育、智育还是体育，都不能离开形象的感受和美的欣赏。我们必须寓教于美，以美育德，以美育智，以美育人。

二、中小学美育的作用

（一）活跃学生的思维，丰富学生的想象

1.促进学生思维的发展

人的思维主要由抽象思维与形象思维两部分构成。在中小学教育中，理论教学注重对于学生抽象思维的训练，而美育则重视学生形象思维能力的提升。文化课的学习因为涉及相对抽象的理论知识较多，因此，学生在学习过程中需要通过教师的讲解和大量的训练来获取和巩固知识。美育则不同，其通过多种方式对学生展开情感熏陶和思维启发，形象直观，使学生在开展审美活动的过程中实现形象思维的提升，促进学生抽象思维与形象思维的协调发展，并在此基础上，逐步实现学生思维从形象到抽象、从感性到理性的发展。

比如，在小学数学教学中，几何的学习需要学生具备较强的空间想象能力，这属于抽象思维的范畴，但刚接触几何知识的小学生尚不具备成熟的几何抽象思维。因此，几何模块教学的入门对于中小学生数学的学习十分重要。许多数学教材都会配有一套几何体小模型，种类丰富，便于携带、组装。这些模型的主要作用就是辅助几何模块的教学。在教学的过程中，教师可以带领学生通过手中的模型认识几何体，并通过对模型灵活地运用，深化学生对于几何的认知。这一过程就是典型的将晦涩难懂的抽象认知转变为形象直观的具体认知的过程，通过使学生观察具体模型的形象促进其进行思考与学习，不仅降低了教师的教学压力，还有利于学生更好地理解知识，同时激发学生的学习兴趣，并为之后学生脱离教具进行几何的学习奠定了良好的思维基础。

2. 丰富学生的想象力

儿童对世界充满了好奇，具有丰富的想象力，经常会产生天马行空的想法，而随着年龄的增长，这种想象力伴随着逻辑思维的不断发展和科学知识的日渐丰富而逐渐呈现衰退的迹象。这对于个体思维的发展来说无疑是一种遗憾，因为想象力是创新的重要来源之一，科技的突破或伟大文学著作的诞生，不仅需要丰富的知识积累，同时还需要创造性的思维。

中小学是学生思维迅速发展的时期，学生从家庭进入学校，开始大量接触不同类型的新知识，逐步丰富对世界的认知。也正是这一阶段，逻辑思维逐步成为学生认识世界和解决问题的主要思维方式，学生的想象力也伴随着逻辑思维能力的发展而逐渐式微。美育的作用正是通过形象、直观的教育激发学生的想象力，使学生在进行理论知识学习的同时提升创造性的思维能力。

纵观人类历史，许多优秀的文学作品、艺术创造和科技发明都是以人们丰富的想象力为基础的。庄子的代表作《逍遥游》，全文采用形象思维的写作手法，通过大量的想象、寓言、对话，生动形象地体现了作者追求无拘无束的精神自由的哲学观点，文章充满想象力，充满浪漫主义的精神，成为流传千年的佳作。科技发明同样需要想象力，发明本身就是思维对于常识的突破和发展，这种附着在科技发明上的创造性思维，不仅需要大量理论专业知识的积累，还需要具备较强的想象力与形象思维能力。

艺术创作同样如此，无论是艺术创作的思路、艺术创作的技法，还是艺术作品的内涵，都十分重视想象力的发挥。这点在许多绘画作品与雕塑作品上表现

得十分明显，比如，奥斯卡-克劳德·莫奈创造性地改变了阴影和轮廓线的画法，注重光与影的色彩描绘，成为印象派代表人物和创始人之一。著名科学家尼古拉·特斯拉从小就具有丰富的想象力，在青少年时代就能够通过想象力在脑海中描绘出发明创作的具体细节，虽然特斯拉只是一个特例，但是他一生700余项发明专利，离不开他丰富的想象力。

因此，美育有利于学生创造性思维的发展，对于培养和发展学生的想象力非常重要。

（二）促进学生身心健康发展

1. 促进学生身体健康发展

美育重视情感的熏陶，对于人的情感情绪问题十分重视。情绪本身对于人的身心健康具有广泛而深刻的影响。良好的情绪对于保持健康的身体大有裨益，相反，如果人长期被低落的情绪所影响，那么对于人的身体健康就会产生不良的影响。特别是中小学生，正处于快速生长发育期，不良情绪对于其身体健康产生的不良影响尤为严重。因此，在日常的学习生活中，应该充分发挥美育的作用，引导学生的情绪向积极、乐观、喜悦的方向发展。

2. 促进学生心理健康发展

美育作为一种情感教育，对人的心理健康产生的影响是直接的。中小学生正处于心理成长期，世界观、人生观、价值观发展尚不完善，对于事物的认识不够深入，很容易受到外界思想的影响。积极、健康的思想自然有利于学生心理健康的发展，而不健康的思想则很有可能会腐蚀青少年的心灵，影响青少年的心理健康。中小学美育正是通过激发学生的审美情感，将积极、健康、崇高的思想注入学生的内心深处，帮助学生树立正确的思想觉悟和道德认知，促进学生心理健康发展。

（三）调剂学生的精神，提升学习效率

1. 调剂学生的精神

脑力劳动要消耗神经细胞的大量能量，如果长时间使用，会使能量消耗过多，出现兴奋性降低、抑制性增强、工作学习效率不高的疲劳现象。若是继续高强度用脑，则会使大脑超负荷运转，对于身体产生不良的影响，造成精神萎靡不振。并且如果学生的大脑长时间处于疲劳状态,则会引起许多健康问题,如记忆力衰退、视力衰减、注意力不集中。

教育工作者应该重视对于学生情绪的关照,不能使学生长期处于低落的情绪之中,也不能使学生长期处于紧张的学习状态。教师可以在教学之余,适当地引导学生展开一些文化娱乐活动,如观看电影、组织参观景点、领略自然风光,让学生放松心情,陶冶情操。

2.提升学生的学习效率

学生的生理与心理状态对于学生的学习活动也具有重要的影响。生理与心理的健康将直接影响学生的学习状态,进而影响学生的学习效率与学习成绩。俗话说"磨刀不误砍柴工",列宁也说过"会休息的人才会工作",美育的任务虽然不是教授学生理论知识,但是美育对于学生的学习起到很大的促进作用。美育可以使学生获得身心的愉悦,以保持更好的学习和生活状态,有利于学习效率的提升。

第二节 中小学美育的特点

美育对于个体的成长与发展具有重要的促进作用,是完善个体世界观、人生观与价值观的重要途径。中小学阶段是个体成长的重要阶段,时间跨度长、教育内容多,是青少年认知体系与道德体系架构的重要时期,因此,中小学美育对于青少年的成长具有十分重要的作用。也正是由于中小学阶段的特殊性与美育的重要性,中小学美育呈现出一系列鲜明的特点,如图4-1所示。

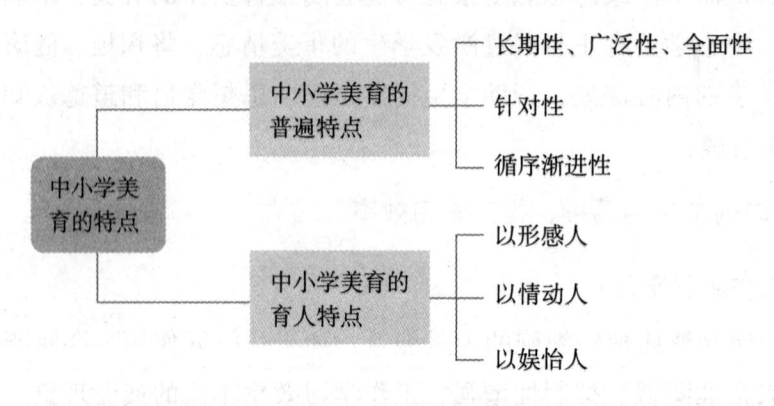

图4-1 中小学美育的特点

一、中小学美育的普遍特点

（一）中小学美育具有长期性、广泛性和全面性

1. 中小学美育的长期性

中小学美育的长期性主要体现在与幼儿美育、大学美育的时间跨度对比上，幼儿美育与大学美育一般只有3到5年的时间，而中小学美育的时间跨度一般会超过10年。因此可以说，中小学美育具有长期性。中小学美育是一个时间跨度较长的教育过程，这一阶段是青少年心理、生理不断成长、发展的过程，同时也是青少年世界观、人生观和价值观逐渐成熟和完善的过程。在这一过程中，青少年特殊的心理状态极易受到外界的影响，因此，在中小学阶段，应该长期坚持开展美育活动，重视美育对于青少年成长的重要作用。

部分学校忽视美术与音乐课程，认为其在学生知识体系中的重要性不高。这是一种十分错误的观点，美术、音乐等艺术类课程是开展中小学美育最为直接的途径，其作用不仅仅是教授学生艺术知识，更重要的是提升学生整体的审美素质、丰富学生的精神世界，并引导学生的心理状态向积极、正确、健康的情感靠拢，为学生的健康成长提供保障。教育工作者还应该重视在中小学的其他课程中渗透美育知识，只有通过长期的美育培养，学生的心理状态与道德观念才能实现相对稳定且健康的发展。

2. 中小学美育的广泛性

中小学美育的长期性以及中小学的义务教育性质，决定了中小学美育覆盖的人数远远超过幼儿美育与大学美育，因此，中小学美育具有广泛性的特点。

中小学美育的广泛性还体现在美育开展的途径与方式上，由于中小学美育对于学生的健康成长具有十分重要的影响，因此，中小学美育的开展需要渗透进各门课程之中，在中小学教育中广泛开展美育，使学生能够在一个积极、健康、轻松的环境中学习、生活。

由于中小学美育面对的学生规模庞大、年龄跨度较长，因此，中小学美育广泛性的特点也对美育的实施提出了一定的挑战。首先，美育要注重以人为本，注重学生在美育过程中的主体地位，不能采用强行灌输的方式开展美育教育工

作，应该重视学生的感受与理解。其次，在美育过程中，应该重视学生的差异性，鼓励学生个性的发挥，根据学生所处的不同年龄段选择合适的美育教育方式。

3. 中小学美育的全面性

由于中小学阶段尚处在为学生将来的发展打基础的时间段，学生尚不能确定未来所从事的专业，教育课程也未进行专业划分，因此，与大学美育强调专业性的特点不同，中小学美育更加强调美育内容的全面性。中小学美育重视对学生社会普遍的道德认知与价值判断的培养，重视引导学生的价值观向正确的方向发展，因此要进行比较全面的美的教育。

中小学美育的长期性、广泛性和全面性决定了中小学美育是一个长期、复杂和艰巨的工程。因此，中小学美育需要引起教育部门的高度重视，需要教师、家长、学生互相配合，只有这样才能保证中小学美育工作顺利、有效地开展起来。

（二）中小学美育要有针对性

中小学时间跨度很长，包括了小学、初中和高中三个教学阶段，从小学到高中，不同受教育阶段的学生在生理与心理上存在着显著的差异。青少年的身心发展具有阶段性与稳定性的特点，对不同年龄、不同年级的学生应该有针对性地采取不同的美育内容与形式。在开展美育的过程中，既不能将初中生当作小学生来对待，也不能用成人的标准来要求高中生。例如，小学美育，要重视美德的宣传与基本的艺术教育；初中美育，应该重视对学生价值观和道德认知的培养和完善，同时开拓学生的视野，增加学生思维的广度；高中美育，则应该重视学生思维的培养与训练，注重学生的审美能力的提升。

中小学美育的针对性不仅体现在因年级而异上，还体现在因人而异、因材施教上。由于学生的年龄、年级、所学知识、经历、生活及学习环境的不同，学生的心理状态、思维方式、价值观都会有所不同。因此，中小学美育要重视学生之间的差异性，不能进行一刀切式教育，美育的内容不能千篇一律。美育不是理论教学，没有固定的教育模式与清晰的知识框架，中小学美育的目标是提升学生的审美能力，增强学生的思维能力，引导学生的世界观、人生观、价值观向正确的方向发展。而这一过程的方式选择则是多样化的，教师应该根据每

个学生不同的个性特点开展美育教育，做到"因材施教"，使每一个学生都能真正感受到美的熏陶和教育。

（三）中小学美育要做到循序渐进

中小学美育的长期性、复杂性、艰巨性及学生之间的差异性决定了中小学美育的开展需要循序渐进，逐步深化。

青少年的生理与心理是逐步成长发展的，个体从稚嫩到成熟，需要经历一个较长的心理发展期，学生的认知水平、学习能力及审美能力都需要经历一个逐步提升的过程。美育的教学过程是一个长期的、连续的、系统的工程，在这一过程中，针对不同年级的学生，应有一个统一的教育计划，既不能揠苗助长，也不能停滞不前；既不能教授超出学生认知能力之外的美育知识，也不能使美育的内容长期停留在同一个水平上；既不能无视年级之间的差别，使高年级的美育内容体现不出发展与提升，也不能将不同年级之间的美育内容割裂开来，造成不同阶段美育教育衔接不连贯。

根据学生不同的受教育阶段与心理发展水平，中小学美育在内容设置上具有明显的循序渐进的特点。从小学到高中，随着教学阶段的不断推进，美育的内容不断深化与拓展，帮助学生按部就班地提升审美能力，完善认知体系。

二、中小学美育的育人特点

（一）以形感人

美育以形感人的特点能够从与智育的比较中清晰地展现出来。智育的思维训练过程是从直观到抽象的，智育并不是完全脱离感性教学的，而是运用感性材料进行直观教学，以达到获取相对抽象的真理的过程。当学生通过感性教学了解事物的一般规律后，就能利用这种抽象的规律解决实际问题，而感性教学的过程就被逐渐淡忘，这就是智育在思维培养方面显著的特点，即引导学生从感性认识上升到理性思维。

不同于智育对于抽象思维的重视，美育更加强调形象思维的重要性。形象思维在美育中占据着绝对主导的地位，美育的基本方式就是借助形象、具体、鲜明、生动的美好形象去反映对于人类社会发展有益的事物，将美好的品质与价值观通过具体的事物表达出来，进而引出相对深刻的知识与理论，对人产生教化作用，促进人的健康成长。

中小学阶段学生美感的最直接来源就是对于美好事物的欣赏，这是符合青少年认知规律的，因为形象美是审美最直观的表达形式，也是最容易触动青少年内心，从而被青少年所接受的信息传递方式。比如，学生在欣赏绘画作品时，往往被作品中的色彩、线条所吸引，进而产生美感；在欣赏雕塑等艺术作品时，学生也会被形态、造型所吸引，再对其内涵进行深入思考；在欣赏戏剧舞蹈时，学生也往往会因为人物的服装、扮相、动作及舞台的布景等因素而产生审美快感与享受。相反，学生在学习中对于相对抽象的概念、公式的学习会将感到枯燥，也是因为其缺乏形象的美感，难以引起兴趣。

在中小学美育中，形象是第一位的，以形感人是美育最为显著的特点，也是学校开展美育教育所要遵循的第一原则。这一特点在美术与音乐课本中体现得十分明显，理论知识在美术与音乐课本中的占比非常之少，这是因为美术与音乐是中小学美育的集中体现，因此，其教学过程充分体现了美育形象性的特点，这也是符合青少年认知规律的。

在中小学美育中，教师应该重视形象教学，坚持以形感人的原则，充分运用教学资源，使学生能够通过观察、欣赏、聆听等直观的方式感受美、认识美。比如，在进行美术教学时，教师就可以充分利用新媒体教学的优势，将各种类型的艺术作品呈现在学生面前，让学生对于所学知识有一个直观的认识，便于学生加深对于知识的理解。再比如，教师在进行音乐教学时，就需要借助教学辅助设施，使学生能够欣赏更多不同类型的音乐，并结合相关的理论知识进行讲解，使学生在欣赏音乐的同时提升对于音乐的审美鉴赏能力。

（二）以情动人

世界上任何一种美的形态，都蕴含着丰富的情感。美育重视审美情感教育，主张培养和发展学生的审美情趣。具体的情感和情景很容易打动青少年，中小学美育正是通过影响青少年的审美情感，满足青少年的情感需要，使青少年在具体的情感感知中产生美的体验，从而形成奋进的力量。

中小学美育可以通过列举现实或艺术作品中的例子的方式，也可以通过组织学生观看电影、参观名胜的方式培育学生的审美情感，以情动人，使学生在感

动中接受美育的洗礼。

我们不妨以历史教学为例，在中国近代史的教学中，学生对于大量人物与事件的记忆可能会存在一定的难度，这时就可以充分发挥美育的作用。教师可以组织学生观看革命题材的电影，或者可以在课堂上通过多媒体播放相关影视片段，通过引人入胜的艺术表现手法，将学生的感情带入虎门销烟的池边、带入武昌起义的江岸、带入五四运动的街头、带入嘉兴南湖的画舫、带入万里长征的星星之火、带入全民团结抗战的泣血山河、带入五星红旗冉冉升起的天安门广场，使学生感受到革命先烈满腔的爱国热情与大无畏的革命精神，对于革命历史产生更加形象、直观的认识，并在此基础上，进一步产生学习知识的兴趣，更加主动地开展历史学习。

中小学各个领域美育的开展都具有以情动人的特点，在地理、物理、化学等学科的教学中，教师可以充分发挥美育的情感教育作用，通过列举乔尔丹诺·布鲁诺、居里夫人、德米特里·伊万诺维奇·门捷列夫等人的例子，让学生们充分感受到他们艰苦奋斗、为科学献身的精神，培养学生对于科学的热爱以及刻苦学习的决心。在美术、音乐教学中，教师可以列举路德维希·凡·贝多芬克服生活的艰难创作出体裁广泛且数量众多的音乐作品、米开朗琪罗·博那罗蒂历尽艰辛磨难创作《摩西》和《被缚的奴隶》、文森特·威廉·梵高在病痛的折磨下坚持创作等故事，丰富学生的审美情感，使学生在收获感动的同时深化对于艺术作品的理解，并产生对于高尚情操的向往之情，这不仅有利于学生知识的学习，还有利于学生审美情感的丰富、自身品格的完善与道德认知体系的构建。

美育以情动人的特点还有利于激发学生奋进的热情，在无形中推动学生不断前进。心理学认为：人的行为是有明确目的的"意志行为"，人总是努力通过实践活动使自己的目的见之于对象。人的意志是人的行为的直接原因，而意志作为一种心理状态是为达成某种目标、实现某种需要而产生的。需要既是人们在实践过程中所产生的情感的基础上形成的某种愿望和意向，又是产生情感的主观条件，需要借助情感从内部意识向外部行为转化。

由此来看，情感对于人的意志和行为具有重要的影响，情感是决定人的意志行为的深刻动机，在中小学教育中，要重视发挥美育以情动人的作用。

（三）以娱怡人

兴趣对于学生的学习具有巨大的推动作用，在中小学美育中，审美对象的形式是多种多样的，但是它们有一个共同的特点，就是具有赏心悦目的娱乐性，能够给人带来愉悦感，使人身心舒畅，进而使人产生强烈的愿望、需要与追求，并使人在轻松愉快的氛围中学到可贵的东西。美育的这种特点，就是我们日常生活中常说的"寓教于乐"。

"寓教于乐"的关键在于"乐"，"乐"是一种愉悦感，是一种娱乐性，是一种轻松愉悦的学习氛围。在中小学教育阶段，由于学生心理发展尚不成熟，学生在学习理论知识时难免会产生枯燥、乏味之感，这就要求教育工作者充分发挥主观能动性，通过在各个学科中渗透美育的内容，激发学生学习的兴趣，促使学生产生主动接受知识的情感，同时不断实现心理结构与价值观的完善。

在中小学美育中，教师可以充分运用教学资源，在理论知识教学中加入带有轻松、愉悦属性的内容。比如，在语文教学中，教师可以通过排练小品、创设情境等方式完成具体课文的教学，使学生在轻松欢快的氛围中深化对于课文内容的理解，并提升对于语文学习的兴趣。

在地理教学中，教师可以将全班划分为几个小组，采取问答积分的形式，将中国各省的轮廓通过多媒体呈现给大家，让学生抢答省份的名称，并给积分最高的组以一定的奖励。教师可以根据课程内容灵活进行发挥，将中国省份的轮廓替换为世界河流形状、世界各国轮廓、经纬度坐标、季风洋流示意图、气温与降水图表、物产资源分布图，等等，让学生通过观察与结合所掌握的知识，抢答河流名称、国家名称、城市名称、工业区，等等。这样的教学方式能有效激发学生的学习兴趣与学习动力，通过开展具有一定竞技性的活动，活跃课堂气氛，帮助学生在轻松愉悦的氛围中主动进行学习，同时还有利于提升学生学习的整体效率。

在物理教学与化学教学中，教师则可以根据所教授的内容进行相关知识的拓展以及趣味小知识的科普，比如，在讲具体物理现象的时候，可以拓展相关小发明或者该物理现象在现实生活中的应用，这样可以使学生在学习相对枯燥的物理理论知识的同时，放松精神、愉悦心情，并提升对于物理学习的兴趣。化学这门学科重视从实验中总结规律，大量的实验类型与丰富的实验道具也是化学学科的特色。化学不仅仅是实验室中的科学，在现实生活中，处处都有化学的影子，无论是空中腾起的紫雾，还是水中腾起的青烟，都可以在化学中找到科学的解释。在化学教学中，教师可以充分运用这种例子，为教学过程带来趣味性。

但需要我们注意的是，在中小学美育中，不是任何具有愉悦性的事物都具有审美价值，审美对象的愉悦性需要符合一个基本的条件，那就是审美对象必须是有利于青少年身心健康的。诸如血腥、暴力、色情等不利于青少年身心发展的因素，不要让青少年观看或沾染，要使美育内容具有纯净、高尚、积极向上的特点。

第三节 我国中小学美育的发展

一、我国中小学美育的发展历程

（一）中华人民共和国建立初期的中小学美育（1949—1956年）

1. 美育地位的确立

1951年3月19日，第一次全国中等教育会议在北京召开，会议确定了普通中学的宗旨和教育目标，强调青年一代德、智、体、美的综合发展，1951年8月27日，中华人民共和国教育部[①]在北京合并召开第一次全国初等教育会议和第一次全国师范教育会议。时任教育部副部长韦悫在会议上讲话指出："我们的小学应该实施智、德、体、美全面发展的教育，不但使儿童具有读、写、算的基本能力以及社会自然的基本知识，具有爱国思想、国民公德，以及诚实勇敢、团结、互助、遵守纪律等的精神，而且要使儿童具有强健的身体、愉快的心情，以及卫生的基本知识和习惯，具有爱美的观念和欣赏艺术的兴趣。"会议讨论通过了《小学暂行规程》等草案。

[①] 中华人民共和国教育部，成立于1949年10月。1985年6月18日，全国人大六届十一次常委会决定撤销教育部，设立中华人民共和国国家教育委员会。1998年3月10日，新一届国务院机构改革方案经九届全国人大一次会议通过，国家教育委员会更名为教育部。

1952年颁发试行的《小学暂行规程（草案）》和《中学暂行规程（草案）》，都将美育列为学生培养的重要内容，并将促进学生身心发展写入规程之中。党和国家的重要领导人也多次强调美育的重要性，周恩来总理在政务会议讲话中就提到社会主义的发展需要每个人要在德、智、体、美等方面均衡发展。1955年国务院召开的全国文化教育工作会议再次强调了美育对于提升中小学教育质量的重要性。

由此可见，在中华人民共和国建立之初，我国就确定了德、智、体、美全面发展的教育方针，而且美育被作为独立的内容列举出来，也显示出了我国对于美育的重视。

2. 发展中小学美育的措施

《小学暂行规程（草案）》指出了小学美育的主要目标是使儿童具有爱美的观念和欣赏艺术的初步能力。《中学暂行规程（草案）》规定了中学美育的主要目标是陶冶学生的审美观念，并启发其艺术创造的能力。

1952年2月，教育部颁发的《关于颁发四、二旧制小学暂行教学计划的指示》，对音乐、美工、画图等课程的具体课时进行了详细的安排。1952年3月颁布的《小学暂行规程（草案）》再次对美育的课时安排进行了调整。1953年11月，中央人民政府政务院（中华人民共和国国务院前身）发布了《关于整顿和改进小学教育的指示》，1955年9月，教育部颁发了《小学教学计划及说明》，再次调整了小学美育的课时安排。

在中学美育课程设置方面，1950年8月1日，教育部发布了《中学暂行教学计划（草案）及中等学校暂行校历（草案）》，规定音乐、美术从初一到高一都开设，每周1课时，均为必修。

在中华人民共和国建立初期，我国的中小学美育始终根据实践的变化不断进行调整，但总体来说，我国仍然重视中小学美育的发展。1955年前后，中小学的音乐、图画教材建设正式起步，1956年8月，教育部颁布了《初级中学音乐教学大纲（草案）》；11月，颁布《小学唱歌教学大纲（草案）》。这是中华人民共和国第一套完整的、且与中小学美育直接相关的教学大纲。从1949年至1956年的这段时期内，我国中小学艺术教育取得了令人欣慰的成绩。

（二）社会主义探索时期至世纪之交的中小学美育（1957—1999年）

随着社会主义改造的顺利完成，社会主义制度正式建立，中国也迎来了社会主义建设的探索时期，国家和人民不断克服了一个又一个艰难险阻，不畏艰难，探索着社会主义建设的正确道路，这一时期中国的美育也在坎坷中不断前行。

1957年7月，教育部制定了《1957—1958学年度小学教学计划》，规定小学1～6年级仍然开设唱歌、图画课程，每周各1课时。1963年3月，中共中央发布《全日制小学暂行工作条例（草案）》，其中第八条明确规定了全日制小学的课程设置中应该包括音乐与图画课程。该条例发布以后，教育部随即制订发布了新的教学计划，规定小学一至四年级音乐每周2课时，五、六年级每周1课时，图画各年级每周均为1课时。这样的规定主要是为了缓解学生课业负担过重、身体素质下降的情况。在中学美育方面，1957年6月，教育部发布的《1957—1958学年度中学教学计划》规定初一至初三仍然开设音乐、图画课，每周各1课时。至1963年，中小学美育教育开始逐步迈入正轨。

之后中国的美育发展之路并不顺利，走过了许多坎坷，直到改革开放初期，中国的美育才再次迎来新一轮的发展。1978年，中国共产党第十一届中央委员会第三次全体会议确定了解放思想、实事求是的思想路线，自此以后，中国各行各业逐步走上了健康的发展轨道，教育行业也是如此，美育在中小学教育中的重要性逐步提升。1978年1月18日，教育部颁布《全日制十年制中小学教学计划试行草案》，规定在小学、初中开设音乐与美术课程以及其具体的开设课时。1979年，教育部在九省、市中小学音乐、美术教材会议上提出不能忽视音乐、美术的教育作用。之后，中小学美育的具体实施问题得到了进一步的重视。

1981年3月13日，教育部发布了《全日制五年制小学教学计划（修订草案）》，规定了小学开设音乐课与美术课的具体课时。这个教学计划与1978年颁布的《全日制十年制中小学教学计划试行草案》相比，明显增加了美育课程。此外，这个教学计划还规定每周进行2课时课外的科技文娱活动。

1993年2月13日，中共中央、国务院印发的《中国教育改革和发展纲要》指出："美育对于培养学生健康的审美观念和审美能力，陶冶高尚的道德情操，培养全面发展的人才，具有重要作用。要提高认识，发挥美育在教育教学中的作用。根据各级各类学校的不同情况，开展形式多样的美育活动。"

20世纪90年代，党和国家对于中小学美育的重视程度逐渐上升，并在多次教育工作会议上将美育作为单独专题进行讨论，制定了一系列发展中小学美育的工作计划，明确了中小学美育在陶冶学生情操、培养全面发展的人才方面的重要作用。在中小学美育课程设置方面，美术与音乐的课时大幅上调，并明确规定了小学与初中美育的具体目标，即小学美育的目标是培养学生"爱美的情趣"，初中美育的目标是培养学生的奋发向上的精神、提升学生的审美能力。

1990年3月8日，中华人民共和国国家教育委员会（中华人民共和国教育部前身）印发了《现行普通高中教学计划的调整意见》，在高中选修课中加入艺术类课程，艺术类课程开始在高中出现。随后，国家多次出台相关文件调整、优化中小学美育的发展目标与课时安排。1999年，时任中共中央总书记、国家主席江泽民在全国教育工作会议上强调了党的教育方针，指出了美育的重要性，中小学美育迎来发展的春天。

（三）新世纪以来的中小学美育（2000年至今）

21世纪以来，国家对于中小学美育的重视程度不断提升，主要体现在制订了一系列与中小学美育相关的工作规程，对于中小学各教育阶段美育的具体目标和培养方式做出详细的规定，并一再强调美育对于青少年发展的促进作用。

2002年5月23日，教育部部长办公会议审议通过了《学校艺术教育工作规程》（以下简称《规程》），并于2002年9月1日起施行。《规程》对艺术教育的性质和内容，学校艺术教育的目标、教学、考核评价，以及校外艺术教育活动等问题做出了详细的规定。在这一阶段，国家还重视课外文体工程的建设，开始在全国范围内组织实施全国中小学生课外文体活动工程。另外，国家还逐渐开始重视美育师资队伍的建设，2001年，教育部决定建立"国家体育与艺术师资培养培训基地"，以更好地适应21世纪国家对体育与艺术师资的需求。[1]

自世纪之交开始，我国开始施行基础教育课程改革，并于2001年明确中小学教育要促使学生养成健康的审美情趣和生活方式。随着中国教育实践的不断发展，时至今日，我国教育改革的步伐仍未停歇。为了贯彻落实习近平总书记关于教育的重要论述和全国教育大会精神，进一步强化学校美育育人功能，构建德智体美劳全面培养的教育体系，2020年10月15日，中共中央、国务院办

---

[1] 吴东胜.美育通论[M].广州：暨南大学出版社，2018：145-149.

公厅印发了《关于全面加强和改进新时代学校美育工作的意见》，对我国学校美育工作的总体要求、工作原则、教学理念、主要目标和相关保障措施做出了明确的规定，为新时代我国中小学美育的发展指明了方向。

二、我国中小学美育的可提升空间

（一）校园美育环境有待优化

美育是中小学教育重要的组成部分，美育具有形象直观与潜移默化的特点，美育的实施主要靠的不是理论的灌输，而是情感与环境的熏陶。因此，与学生的学习与生活密切相关的校园，其自身的美育环境建设对于学生的成长与美育的开展都具有十分重要的作用。

校园环境的建设对培养学生的审美思维十分重要。校园环境表达着一所学校对于美育的理解与诠释，目前我国大部分中小学都十分重视校园环境的建设，但是仍有一部分学校忽视校园环境的美育作用，缺乏具有学校特色以及能够反映当地人文特点与文化符号的校园设计。

（二）艺术教师需求量大

教育工作的开展离不开师资队伍的建设，美育工作也是如此，艺术类课程是中小学美育的直接途径，可以对学生的审美素质进行系统性的培养。艺术课程开展的效果与艺术教师的教学水平直接挂钩，因此，中小学美育开展的效果与艺术类课程师资队伍的建设具有直接的关系。

近年来，我国中小学美育的发展取得显著成效，学校艺术类师资力量不断壮大，但仍需要更多的艺术类优秀教师补充进中小学教育体系之中。并且目前我国中小学艺术类课程师资的专业素养还存在一定的可提升空间，艺术类课程教师的整体质量需要进一步提升。在教学安排上，学校也要注重保证美术与音乐等艺术类课程的课时，使艺术类课程的教学质量得到保证。

（三）美育信息化教学有待提升

信息技术的快速度发展为教学活动提供了相当大的便利，教师可以通过多媒体将知识以一种形象、直观的方式展现在学生面前，虽然信息时代的教育资源在数量和质量上都有显著的提升，但是一些教师对于信息资源的利用尚不成熟，未能选择合适的资源与课堂教学内容相适应。有一部分学校对美育信息化教学相关基础设施建设的投入不足，导致信息化教学开展缺少硬件的支持，不能与时代的发展相适应，在改革美育和教学方式上还有一段路要走。

（四）各学科审美思维尚需完善

在中小学教育实践中，不能将中小学美育简单地等同于艺术教育，艺术是美的集中体现，但不是美的全部，美还包括道德美、社会美、自然美，等等。艺术教育也只是中小学美育中的一个组成部分。中小学的美育，应该体现在各个学科的教学之中，在文化课中渗透美育知识十分必要。这是因为美是蕴含在各门学科之中的，且美育能够激发学生的学习兴趣，帮助学生提升学习的积极性，有利于促进学生的文化课学习。

目前，在我国一些学校的中小学教学评价体系中，文化课成绩与具体知识点的掌握是考察的重点，而对于学生审美思维、道德认知与创新能力的培养关注相对较少。由于教学评价体系对于教学活动具有指向作用，这也导致了部分中小学在教育过程中忽视了对于学生审美素质的培养。因此，中小学需要对各学科教学中学生审美思维的培养加以重视。

下篇

中小学美育化教学

第五章　基础课程中的美育化教学

　　中小学美育开展的重要实践途径之一就是将美育与课程教学充分结合，学科教学的内容不仅包括大量的专业学科基础知识，同时还涉及大量的观察、思考、想象、逻辑推理，等等，它直接或间接蕴含着丰富的美育内容，对于学生整体素质的提升十分重要。这就决定了作为中小学美育开展重要途径的学科渗透与融合教学的必要性与可行性。本章分别从美育与德育、智育、体育及艺术教育的关系入手，对基础课程的美育化教学进行了深入研究。

第一节　美育与德育

一、美育与德育的关系

（一）美育与德育的联系

1. 美与善在历史渊源上联系紧密

　　美育的核心是美，德育的核心是善，美与善之间有着密切的联系，两者从历史渊源来说同出一源。古代中国和西方都把"美"和"善"看成一回事。孔子主张"君子成人之美，不成人之恶。"[1]这里的"美"，指的就是"善"。直到今天，我们仍常以"美"来形容"善"，比如，我们经常形容一个人心灵美，这里的美指的就是善良、高尚。

---

[1] 孔子.论语[M].杨伯峻，杨逢彬，注译.杨柳岸，导读. 长沙：岳麓书社，2018：145-156.

在西方，古希腊的苏格拉底最早对美与善之间的关系进行了阐述，苏格拉底从社会学的角度去观察美学，他认为美的事物一定是有用的，而有害的事物则是丑陋的。苏格拉底将美与效用、美与善紧密结合在一起，认为凡是符合美的标准的行为，都是美德。①

柏拉图在《理想国》中表达了自己对于美的看法，柏拉图认为不同职业、不同等级的人各守本分，人就会拥有美德，社会就会和谐有序。亚里士多德则对于美与善之间的关系进行了更为明确的阐释，他将美定义为一种善，认为美之所以能引起人们的快感，正是因为它是"善"的。②

中国古代伦理强调美德，子曰："克己复礼为仁。"③孔子以"仁"这个道德原则作为他首先规范的核心，孔子把他所认为的人类美德和有价值的道德，都包括在"仁"之内，"仁"成了美德的核心。这种以"仁"为道德标准的理念在儒学中始终占据着核心地位，同时也成了中华民族传统美德的重要文化符号。在西方，以柏拉图和亚里士多德为代表的古希腊传统理论同样重视对于美德的培养。

东西方古代对于美德的论述具有一定的阶级局限性，这是因为其受制于具体历史的发展阶段，在其所处的历史时期，这种观点是符合社会道德认知的，因此，需要我们用历史的观点去看待和分析。古代美德思想中合理的因素是人类精神的宝贵遗产，具有审美价值，可以为现代人的人格塑造服务。由此可以看出，无论是在东方还是西方，美育与德育之间的关系均密不可分，源远流长。

2. 德育需要审美化

我们还可以从教育手段的视角来看美育与德育之间的关系，从字面上看，美育与德育的共同之处在于"育"字，即美育与德育都是以育人为目的的，两者都属于教育的范畴。

德育不能通过简单说教的方式进行，特别是在中小学阶段，学生往往会对空洞的说教产生厌烦心理，一味地进行理论的灌输会严重影响德育的开展。这就需要借助美育对学生进行德育，由于美育的过程普遍兼具趣味性与教育功能，

---

① 柏拉图. 柏拉图文艺对话集（西方哲学永不过时的典籍）[M]. 朱光潜, 译. 南京: 译林出版社, 2020: 164-194.
② 亚里士多德. 政治学[M]. 北京: 商务印书馆, 2017: 380-405.
③ 孔子. 论语[M]. 杨伯峻, 杨逢彬, 注译. 杨柳岸, 导读. 长沙: 岳麓书社, 2018: 145-156.

因此，德育审美化有利于促进德育更好的开展。比如，当我们进行爱国主义教育时，相比于纯理论教学，向学生展示优秀的文艺作品往往是更好的选择，让学生观看具有爱国情怀的电影、纪录片，或者组织学生参观博物馆和相关展览，可以使学生在欣赏艺术作品的过程中感受到祖国大好山河之美好、先辈艰苦奋斗之不易，受到家国之美的感染，加深自己的爱国情怀。在电影《上甘岭》中，当残酷的战场上响起《我的祖国》，我们可以从歌曲前半部分悠扬平和的曲调中感受到人们对于祖国大好河山的无限热爱以及对人类和平的赞颂与向往，而在歌曲的高潮部分，我们则能够感受到先辈身为中华儿女的自豪以及保家卫国的决心，影视画面与插曲的配合，极具感染力。类似的优秀电影还有很多，都具有较强的教育意义，学校组织学生观看这类影视作品，能够起到很好的爱国主义教育效果，这是德育审美化的典型方式。

3.德育是美育的中心和灵魂

美育不等于德育，但美以善为最终目的，德育是美育的中心和灵魂。美育的目的是提升人们的审美素质，审美活动也是人们实践活动的一部分，如果审美活动不能为人类社会的发展带来益处，那么其本身也就难以存续。

倘若美育不以德育为中心和灵魂，会造成两种较为严重的后果。其一，如果美育只追求形式之美，那么就会导致学生的审美价值观产生偏差，使他们一味地追求穿着华丽、生活舒适，忽视道德之美与心灵之美，容易互相攀比、价值观扭曲、误入歧途。其二，假如美育不以德育为中心，则可能会在美育的过程中使美与丑、善与恶的边界变得模糊。

当今世界，网络发展迅速，各种新的大众娱乐方式层出不穷，许多人瞅准这一机会，通过网络直播、短视频等方式，哗众取宠、传播低俗内容，以谋取经济利益，而这种直播与视频的泛滥，不仅不能向大众传递正能量，甚至还造成"审丑文化"在青少年群体之间的传播，部分青少年以低俗为美，对毫无营养的视频津津乐道。这就要求我们在美育中要牢牢把握德育这一主线，将德育作为美育的中心和灵魂，保证青少年的审美价值观向正确的方向发展。

（二）美育与德育的区别

美育与德育之间具有密切的联系，两者相辅相成、相互融合。但这不能表明美育与德育可以混为一谈，事实上，两者之间还是存在较为明显的差别的。审美具有不同于道德实践的独特规律与价值,这也在一定程度上决定了美育与德育之间的差别。美育与德育的具体区别如图 5-1 所示。

图 5-1 美育与德育的具体区别

图中内容:
- 美育重情感,德育重说理
- 美育偏重于培养个性人格,德育偏重于培养社会人格
- 美育重形象思维,德育重抽象思维
- 美育重个性,德育重规范
- 中心:美育与德育的具体区别

1. 美育重情感,德育重说理

美育是一种情感教育,以情动人是美育的基本方式。在美育中,教育者一般会通过一定的媒介唤起受教育者的审美情感,以达到塑造、净化情感的目的,使其心灵高尚起来。美育是一种诱发,它通过培养和提升学生的审美能力,帮助学生去感受自然之美、社会之美和艺术之美,在这一过程中,学生自身对于美的理解和感受尤为重要,这种感受是极具主动性和创造性的。

有人认为美育就是告诉人们什么是美,什么是丑,这其实是对美育的一种误解。美育确实能够使人们更好地辨别美与丑、善与恶,但是美育的途径却不是简单的理论灌输,而是通过提升人们的审美能力,帮助人们进行自主的审美鉴赏与审美判断。

在德育的过程中,教育者通常告诉受教育者什么是对的,什么是错的,什么是好的,什么是坏的,什么是应该做的,什么是不应该做的。实践经验告诉我们,青少年阅历不深、学识不广,单"晓之以理"不易被接受,对他们的教育方式,应该是将情感教育和说理教育相结合,可以采取一些生动活泼的教育形式,但是与美育相比,德育更加重视理论教育。

2. 美育重形象思维，德育重抽象思维

我们在前面介绍过，形象性是美的重要特性，而形象直观是美育的重要特点，因此，在美育的过程中，形象思维发挥着重要作用，事物的形象唤起人们的审美情感。我们的感情总是被生动的对象所引起的，而不是被一般的概念所引起的。

德育往往从道德观念入手，对人们的实践进行分析、论证，以便树立某种观念并付诸行动。德育也是可以通过对具体形象以及行为的观察进行教育活动的，但是这一过程的重点不在于观察，而在于分析。教育者需要引导受教育者通过观察具体的现象，在脑海中形成对于现象的判断与分析，进而提升受教育者的道德认知水平。在德育中，受教育者关于道德的分析与判断都是通过大脑不断地思考来实现的，因此，相比于美育，德育更加重视抽象思维。

3. 美育重个性，德育重规范

德育是一种规范教育，它偏重于对善的行为的逻辑判断，注重发展受教育者的意志力、约束力，使其自觉地用社会的普遍行为准则来规范自己的言谈举止，带有一定的强制性。德育偏重于培养个性对社会的服从，它努力使受教育者将社会普遍的规范和法则作为自己的需要和准则。在这个过程中，个性的发展要求常常要被限制或牺牲，而这种由外向内的约束必须依靠受教育者的理智和意志才能实现。

美育则是一种偏重于发展个性的教育，具有心理解放的特点。它偏重于在有引导的审美活动中，使受教育者的感性生命得到表现和升华，注重发展其审美感受力和创造力，从而自发地、自由地发展自己的个性。与德育偏重于规范和强制的特点不同，美育具有自由和愉悦的特点。美育偏重于发展个性，在个性化的审美体验中，受教育者往往超越了现实社会的某些限制而使个性得到充分发展。由于美育直接从个性的情感冲动中获得了主体心理冲动的支持，所以受教育者往往自发地投入教育过程中并乐此不疲。

4. 美育偏重于培养个性人格，德育偏重于培养社会人格

德育偏重于培养社会人格，通过磨炼人的意志力养成自觉性和遵从意识。美育偏重于培养个性人格，通过培养人的敏锐的感受力，发展个性情感，养成自发性和创造性。因此，德育和美育的价值取向有不同的侧重：前者偏于社会尺

度，后者偏于个性尺度。德育偏重于现实的原则，它帮助受教育者适应现实环境；而美育则偏重于超越的原则，它不能帮助受教育者从现实环境中获得实利，但是，在带有理想性的美育中，受教育者会从个性发展需要的基础上产生变革现实，使社会秩序更合乎人道的理想和动力，因此，美育包含着改造社会的超前的理想性。[①]

二、美育对德育的促进作用

美育对德育具有促进作用，这是由美育的特点所决定的，也是由美育与德育之间的区别所带来的，美育的重视情感、形象直观、自由愉悦和潜移默化等特点是德育所欠缺的，因此，美育能够对德育起到良好的补充与辅助作用，美育对德育的促进作用如图 5-2 所示。

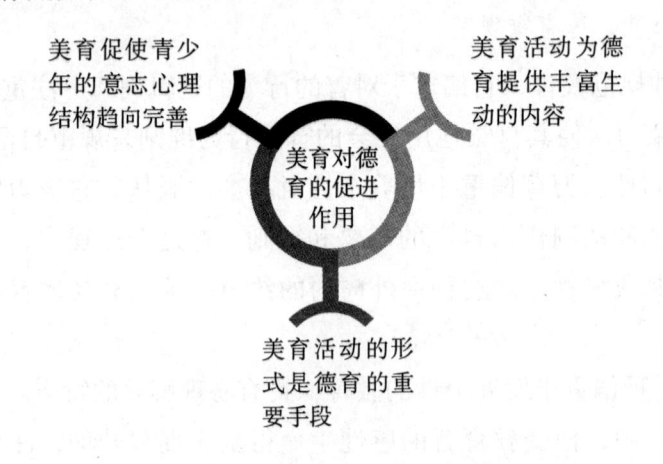

图 5-2 美育对德育的促进作用

（一）美育促使青少年的意志心理结构趋向完善

青少年正处于心理结构的快速发展期，思维能力不断增强、兴趣爱好逐步形成、道德观念日渐明确。同时，青少年的心理敏感性也较强，社会阅历不足导致青少年的意志心理结构发展尚不完善，它表现为容易受到外界各种思想的影响、心理承受能力较弱、容易冲动，等等。

德育的重要目标就是培养受教育者的自由意志，帮助受教育者逐步提升自身

---

① 杜卫.美育论[M].2版.北京：教育科学出版社，2014：130-138.

的主观能动性，使其在拥有自由意志的同时，不违反道德规范。要实现这一目标，就要求受教育者能够战胜忧虑、空虚、愁苦、恐惧等心理状态，尽量排除源于生理本能的非理性的冲动和意念，这就对受教育者的意志心理结构提出了较高的要求。

青少年特殊的心理发展阶段使得教育方式的选择变得十分重要，德育重视从理论的角度出发对青少年进行理想、信念的培育，但是这种教育方式对于正处在心理敏感期的青少年来说，很难达到理想的效果。要想帮助青少年坚定自身意志、完善心理结构、进入美的生活境界，就需要重视情感熏陶的美育来发挥作用。教育者可以通过美育提升青少年对于现实美与艺术美的感受和领悟能力，使青少年能够以积极的态度面对生活与学习，在遇到困难时，能够以乐观的心态去面对困难，能够以坚定的意志去克服困难，形成更加完善的意志心理结构。

美育是完善青少年道德体系，培养学生自由意识的一种有效途径。相比于理论教育，美育能够为青少年带来感官享受和快乐，迎合青少年的感性需求，使青少年在接受情感熏陶的同时提升自身的品德修养，完善自身的意志心理结构。当然，美育不仅仅局限于感观层面，它还能够超越感官，使青少年获得精神上的快感，为青少年增加精神养料，使青少年在面对困难时，不再一味地抱怨和逃避，而是勇敢面对，并充分发挥主观能动性去解决问题。

（二）美育活动为德育提供丰富生动的内容

美育对德育的促进作用还表现在美育活动能够为德育提供丰富生动的内容上。德育的内容涉及大量的理论知识，对于青少年来说可能会比较枯燥，仅仅依靠德育自身的知识框架来组织教学，很容易降低他们学习的兴趣，影响德育的效果。美育活动不仅仅能使青少年感到心情舒畅、精神愉悦，其内容还涉及大量的德育知识，它能够充实德育的内容，为德育的开展起到很好的补充和辅助作用，美育对德育内容的丰富集中体现在美育教学之中。

以中小学艺术类课程教学为例，艺术是审美的集中体现，艺术类课程自然也是极为直接的美育途径之一。在我国的中小学教育中，较为常见的艺术类课程就是美术课程与音乐课程。

1.美术课程对德育的促进作用

在美术课程中，教师可以在美术教学的过程中补充德育知识，使学生在陶冶情操的同时提升思想道德素质。美术课程对德育的促进作用主要体现在以下几方面。

（1）美术课程可以促进思想政治教育的发展。美术课程通过对相关革命艺术作品的欣赏与教学，对学生开展爱国主义教育，它通过具体、生动、形象的艺术作品，使学生感受革命精神，了解革命思想，进一步加深对祖国和家乡的热爱。

中国的革命与建设历程漫长而复杂，其中涉及大量的历史事件与思想碰撞，学生在学习这段历史时，具有较高的难度，很容易产生枯燥的感觉，进而影响学生的学习以及思想政治教育的进行。教师可以充分发挥美育的作用，在美术课程中通过展现具体的艺术创作形象，激发学生的审美感受，使学生对学习产生兴趣与欲望，促进思想政治教育的开展。

（2）美术课程可以促进学生道德品质的发展。美术课程可以以具体的艺术作品为载体，对学生进行有关道德品质方面的教学，同时，美术课程还可以采用课堂与课外活动相结合的方法，使美术教学走出课堂，通过举办一系列活动，如集体美术创作、个人绘画竞赛、组织展览等，培养学生的集体主义观念和积极进取的精神。

（3）美术课程可以培养学生的审美能力，陶冶学生健康高尚的情操。通过多种类型的美术鉴赏和艺术造型活动，可以为学生创造丰富多彩的审美环境条件，教育学生从中辨别审美对象的美与丑，区分造型格调的高雅与低俗，培养学生的审美能力，陶冶学生健康高尚的情操，摒弃、抵制低级趣味。

2. 音乐课程对德育的促进作用

音乐是美育的重要组成部分，是一门听觉和情感的艺术，节拍、旋律、音色等要素使听觉艺术直接作用于人们的情感，使人们全身心地去感受音乐。音乐是表达情感的艺术形式之一，或庄严肃穆、或热情奔放、或婉转悠扬，无论是什么类型的音乐作品，都是一种情感的反应，通过声音实现情感的传递，引起人们的共情。

人们通过欣赏音乐，能够产生丰富的情感，并在一定程度上影响自身的行为，这是音乐社会功能的体现。在音乐的诸多社会功能中，娱乐功能无疑是较基本的，《礼记·乐记》中指出："夫乐者乐也。"点明了音乐的娱乐作用。但是，

音乐的社会功能不仅是娱乐，在音乐发挥娱乐功能的过程中，它还对人们的思维与认知产生了影响，人们能够在欣赏音乐的过程中振奋精神、增长知识、鼓舞斗志、陶冶情操，进而潜移默化地接受教育，对于社会生活有了更加深入的了解，品德修养也得到了提升，这就是音乐的美育功能和德育功能的体现。

音乐与德育是互相交融在一起的。《礼记·乐记》中的名言，"德音之谓乐"和"乐者，德之华也"充分说明了这一点。因此，中小学阶段的德育，可以借助音乐课程来实现，学校开展的音乐课程，不仅要实现提升学生音乐素养的教学目标，还应该充分发挥其德育作用，使学生在学习音乐知识的过程中，实现道德修养的提升。

（三）美育活动的形式是德育的重要手段

传统的德育主要是靠说理、灌输，甚至半强制地执行，如规定专门的政治学习时间、听报告、写学习心得、做思想汇报。其缺点是容易使受教育者感到千篇一律、枯燥无味。而美育寓教育于生动形象之中，寓教育于情感的波涛之中，寓教育于娱乐欢愉之中，寓教育于潜移默化之中，因而它为受教育者所欢迎。

美育不是采用强迫的方式，而是让受教育者自觉自愿地接受教育。如果德育能够很好地、自如地利用这一特点，就能保证德育持续不断地进行，并且能保持它恒久的效果。例如，我们适当地组织学生去郊游，既引起了学生的浓厚兴趣，开阔了其眼界，又增强了他们组织纪律、团结互助的观念。在学校还可以组织各种兴趣小组，发挥学生的主观能动性，让他们去思考感兴趣的课题，尤其是社会上的热点，积极引导他们正确对待人生，对待社会上出现的现象，把握时代的本质。可以通过美育活动，欣赏名曲、名画，观看优秀的电影、电视剧，让优秀艺术作品中的健康思想、内容在娱乐中被学生所接受。还可以组织大家搞书评、影评、画评等，在鉴赏艺术品的过程中，分清其内容的善恶界限。还可以组织有关德育内容的辩论和有关德育内容的智力竞赛，智慧的较量和角力也很符合学生好胜向上的特点，为取胜他们也会自愿地去掌握有关竞赛的德育内容。这样，能够引导受教育者在愉悦的心境中，潜移默化地接受健康、积极向上的思想、情操，比单纯的政治学习和听报告的效果要好得多。

第二节 美育与智育

一、美育与智育的联系

（一）美育对智力发展的促进作用

智育的目的是培养和提升学生的智力，智力是由多种因素构成的，包括掌握知识的深度与广度、抽象思维与形象思维水平的高低、自主学习能力的强弱、凭借所掌握知识处理问题的能力，等等。在心理学中，人的心理功能由知、情、意三部分构成，知识、情感、意志三者相辅相成，缺一不可。发展学生的智力，必须使青少年的心理功能得到全面和谐的发展，因此，美育对于智育十分重要。美育对智力发展的促进作用主要体现在以下四个方面，具体内容如图 5-3 所示。

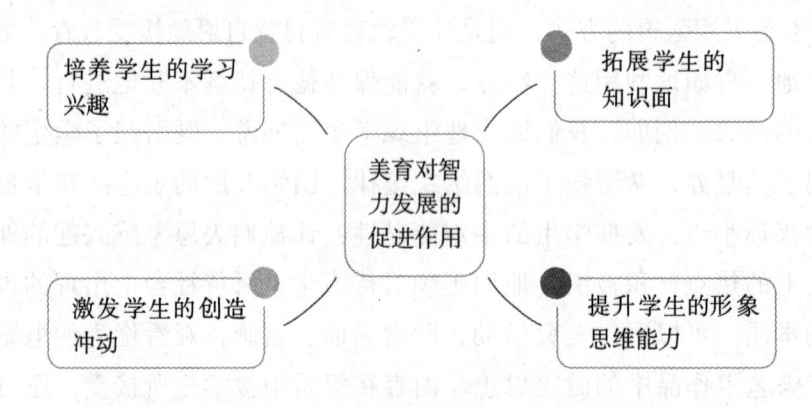

图 5-3 美育对智力发展的促进作用

1. 培养学生的学习兴趣

在中小学阶段，智育的主要方式是文化课的教学，文章、公式的背诵，注重理论的教学和学科知识体系的搭建，这难免会使学生感到枯燥，特别是年龄较小的学生，对于知识的理解还不够深入，很容易就会丧失学习兴趣。美育从感性入手，注重对学生情感的培养，因此，在文化课教学的过程中充分发挥美育的情感熏陶作用，可以培养学生的学习兴趣，增强文化课教学的效果。

在中小学教学实践中，教师应该将美育渗透到各科教学中去，美感不只存在于美术和音乐等艺术形象之中，也广泛存在于其他学科之中。汉字与英文单词书写得清晰、端正、清秀，可以给人以美感；数学中标准的几何图形、规范的解题书写，可以给人以美感；化学实验中试剂颜色的变化、化学反应的过程，可以给人以美感；物理中丰富的教学道具，可以给人以美感，等等。所谓的浓厚的学习兴趣与科研兴趣，正是在这种美感中产生的。教师应该充分挖掘文化课中的美育内容，合理选择教学方式，激发学生的兴趣，提高学生学习文化知识的积极性。比如，在语文教学中，会涉及大量的文言文教学，由于年代久远，且涉及大量语法知识，因此，学生在学习文言文时会很容易感到枯燥乏味、力不从心。这就需要教师灵活选择教学方式，将美育渗透进教学过程中，提升教学过程的趣味性，使学生由被动地接受知识转化为主动地探求知识，从而提升教学效果。《桃花源记》和《醉翁亭记》的突出特点是均具有优美的景物描写，在讲授这类文章时，教师可以抓住景色这一元素，让学生在课下以绘画的形式描绘自己心目中的桃花源与醉翁亭，并在课堂上进行展示，鼓励学生根据文章进行艺术创作。有的学生在绘画的过程中会反复研读课文，琢磨其中的景物描写，体会其中的意境；有的学生则会充分发挥想象力，根据自己的理解展开创作。在这一过程中，学生的学习热情就被点燃了。《出师表》和《过秦论》等文章具有深刻的历史背景，因此，教师在教授这类文章时，应该注重与历史背景相结合，相比于具体的文言文内容，学生普遍对历史文化的学习具有较高的兴致，因此，教师可以将两者充分结合，帮助学生体会古人寄托在文章中的丰富情感，深化其对文章的理解。《师说》和《劝学》等文章结构严谨，侧重说理，内容贴合学生生活实际，且具有超越时代的意义，放诸古今皆适用。在进行这类文章的教学时，教师可以将文章内容与学生的生活实践充分结合，多采用举例的方式，让学生对文章内容有更加形象、直观的理解。

2.拓展学生的知识面

智力内涵的重要组成部分之一是习得的知识与技能的累积，在中小学教学实践中，社会科学与自然科学等各门课程中的内容，是学生需要掌握的基础知识，但是，除了基础知识教学之外，教育者还应该重视学生知识面的拓展，这不但有利于开阔学生的视野，启发学生的思维，还有利于加深学生对基础知识的理解。

美育在拓展学生知识面方面的作用主要表现在两个方面。其一，艺术类课程是美育的集中体现，美育包含大量艺术知识，这类知识虽然在部分学校的考核中占据的比重不是很大，但是学生未来知识结构中的重要组成部分。其二，在课程讲授的过程中补充美育知识，也可以丰富学生的知识储备，完善学生的知识结构。比如，在物理教学中，教师在讲授物理知识的同时，可以补充相关科学家的科研历程、其他研究成果及生平事迹等知识，无论是对物理现象的敏锐察觉，还是十年如一日的科研精神，这些科学家身上所具备的优秀品质均值得当代青少年学习。

知识的来源不只是课本，教师在授课过程中对于知识的拓展，同样是学生知识积累的重要途径，也是实现学生智力发展的重要方式。

3. 提升学生的形象思维能力

人的思维能力概括起来主要有两种，分别是逻辑思维能力和形象思维能力，逻辑思维能力较为抽象，而形象思维能力较为直观。相比于逻辑思维能力，形象思维能力侧重于直觉、灵感与创造，是思维原创性的主要源泉。

美育能够提升学生的形象思维能力，具体表现在美育能够丰富学生的想象力，增强学生的观察力。人类的审美活动离不开观察与想象，而观察与想象能力的提升需要一定的审美训练，这就需要美育来发挥作用了。美术与音乐，是对学生进行视觉训练与听觉训练的重要途径。

通过美术课程的学习，学生对事物色彩、形状、结构等要素的观察能力会得到显著的提高。比如，在美术教学中，不同角度的静物写生使学生对物体的结构有较为清晰的了解，能够训练学生的空间想象能力，同时，还有助于数学中立体几何模块的学习。举一个简单的例子，三视图是观测者从上面、左面、正面三个不同角度观察同一个空间几何体而画出的图形，作为立体几何学习的基础，三视图的识别与绘制考查的就是学生的空间想象能力。立体几何的学习非常注重基础，学生将美术的思维带入立体几何的学习之中，可以对空间几何体形成更加形象、具体的认知，为今后立体几何的学习打下良好的基础。由此可见，美育对于学生文化课的学习大有裨益。

音乐课程同样有利于学生形象思维能力的培养和提升，音乐通过声音进行

情感的传递,学生通过旋律与歌词感受音乐中蕴含的丰富情感,在这一过程中,音乐不但发挥了美育的作用,同时也发挥了智育的作用。

4.激发学生的创造冲动

许多著名的科学家之所以能在科学事业上做出巨大的贡献,做出杰出的发明和创造,首先在于他们有探求真理的激情,有一种不可遏止的创造冲动。这种激情和冲动来自何方?相当一部分是靠美育培养和熏陶的。客观世界的美以及由审美活动培育起来的美感,是科学家从事激情探索的强烈的内驱动因。事实上,当一个普通人仰望星空,俯视江河,涉足名山,远游四海,陶醉于神奇壮丽的自然美景时,也会情不自禁地试图弄清自然界的种种奥秘。[①]

(二)智育是美育的基础

在教学实践中,智育与美育呈现出相互渗透的关系,智育需要借助美育来更好地完成教学任务,而美育的开展则需要以智育为基础。

以理性内容为主导的智育活动的发展,改变着包括艺术家在内的人们对物质世界及其本质、规律的固有认识,使人们可以从另外的角度面对世界,从而产生了对对象新的体验和领悟。当人们以一种新的直觉的感性方式,从新的角度去面对对象时,便会带来思维方式、表达方式的巨大的、甚至根本性的变化,伴随着对对象内在规律的新发现、新体验,最终诞生了对世界的新领悟。

美育的基本手段是通过审美媒介进行情感的传递,激发学生的审美感受,而审美感受的产生则需要一定的智力基础,一个受过智力教育训练的人,在欣赏艺术作品时,肯定比没有受过教育训练的人具有更高的审美层次。很难想象,不懂梵高、贝多芬的身世、经历和他们所处的历史阶段、历史条件,不懂绘画、音乐的基本知识的人,能获得对他们艺术作品的审美感受;没有中国文明史的知识的人,能够欣赏出土文物的古拙之美;没有相应的科学知识的人,能获得科学领域各种现象和理论的审美感受;而且智育作为美育的基础,也因为其本身包含审美因素,与美育有相通之处。

具体来说,在中小学美育的过程中,无时无刻不体现着智育的基础性作用。在美术与音乐教学中,学生对于艺术作品的欣赏是建立在一定的艺术知识基础之上的,学生只有在了解了艺术家生平、艺术作品创作背景、艺术创作技法等

---

① 杜卫.美育论[M].2版.北京:教育科学出版社,2014:138-145.

知识的前提下，才能对艺术作品进行正确的赏析，倘若不具备相应的理论知识，学生的审美活动就会变成单纯的对审美对象的主观感受。例如，毕加索的《格尔尼卡》采用了超现实主义的风格，如果学生不了解具体的历史背景，就会很难理解毕加索在作品中想要表达的思想，难以对作品进行赏析。再比如，我们登上滕王阁，会不自觉地吟诵出"落霞与孤鹜齐飞，秋水共长天一色"的千古绝句；当我们来到庐山瀑布脚下时，会感受到"飞流直下三千尺，疑是银河落九天"的壮美景观；当我们泛舟赤壁时，又会产生"纵一苇之所如，凌万顷之茫然"的感慨；站在橘子洲头，看湘江北去，我们胸中会顿生"粪土当年万户侯"的豪情；立于黄河之畔，望大河东流，则有"黄河之水天上来，奔流到海不复回"的慨叹。我们的这些情感，不单单是由景而生的，更重要的是这些景物蕴含着丰富的文化积淀，能够使我们在感动中与古人产生共鸣，文学作品是这一审美过程中重要的媒介，而这些激发我们产生审美情感的诗文，则是我们通过文化课学习而积累的，如果没有学习过相关知识，那么我们只能单纯地欣赏许多景物的形象美，而感受不到其蕴含的丰富内涵，这也是在美育中，智育基础性作用的体现。

二、美育与智育的区别

（一）感性塑造与理性培养

美育与智育同样重视学生综合素质的提升，但两者对于学生培养的侧重点不同，美育重视对学生的感性塑造，而智育重视对学生的理性培养。

美育不仅重视情感的熏陶，还重视知识的积累与思维的锻炼，但是与智育不同的是，美育选择以感性塑造为出发点，引导学生在感性中去把握理性，而不是脱离感性去思考理性内容。因此，美育是一种感性的理性化教育，是一种重视感性的启发、激励作用的教育。也正是美育的这种特点，使得其可以对智育起到良好的辅助作用，将学生的思维模式由刻板的抽象思维转化为自由、直观的形象思维，从而提升了智育内容的可接受性，使得学生在学习理论知识时更加轻松。

美育是一种培养审美能力、使感性因素得以表现和升华的过程，它以感性的审美对象和审美形式为依据。当然，在美育过程中也包含知识的传授，但这不是主要的，美育的主要目的在于培养审美能力、陶冶情感、发展感性、塑造完善的人格。

与美育相比，智育更加强调学生对于系统知识的把握和理性思维能力的培养。智育为了培养学生的逻辑思维能力，往往需要借助感性媒介，如实物、模型、图表及感性材料等，也需要诉诸感官知觉，及至引起理智情感。但是运用感性媒介是为了说明论证原理、原则，诉诸感官而走向理性思考。它引起的理智情感，不过是理智过程及其结果的情绪体验。这与审美媒介、审美直觉、审美情感是不一样的。例如，当一个审美修养较高的人来到岳阳楼时，脑海中会浮现出"长烟一空，皓月千里，浮光跃金，静影沉璧"的景象，也会有"不以物喜，不以己悲""先天下之忧而忧，后天下之乐而乐"的感慨，这种情感的生成不是审美主体对审美对象的客观描述，而是由其具有的审美修养和理性知识对审美对象产生的主观情感，这同时也是理性向感性渗透的过程。但如果是一个没有学习过《岳阳楼记》的小朋友来到岳阳楼，其对岳阳楼的认识就仅仅停留在客观景物之中了，而不会产生以上诸多情感。智育的作用就是通过理论教学，帮助人们掌握事物之间的内在联系，让学生明白岳阳楼所蕴含的人文意义，在这一过程中，学生无须亲临岳阳楼，便能通过理论知识的学习感受其美、深解其意。

（二）情感交流与理性启发

美育与智育在施教方式上也有显著不同，美育重视情感交流，智育则重视理性启发。

具体来说，在美育中，教师通过一定的审美媒介对学生展开审美教育，在这一过程中，也会存在许多理论知识的解释、说明、论证，如对于审美媒介的讲解、对于具体审美对象内涵的讲解、对于审美技巧的讲解，等等。但这种理论教学的目的是激发学生的审美情感，引起学生深刻的审美感受，进而实现美育的目标。这种审美感受是在一种相对自由的状态中逐步形成的，它并不是依靠理性说理和强制灌输，而是依靠审美媒介、教师和学生之间的情感交流。

智育在施教方式上则与美育有很大的不同，智育重视说理、启发和引导，甚至在某些时候，还会采用强制灌输的方式实现知识的传递，这是由智育的内容与任务所决定的。智育强调理论知识的教学，理论知识的学习重视方法、规律的掌握以及逻辑思维能力的培养，因此它具有很强的抽象性，学生学习起来也有一定的难度。但是，理论知识对于学生的学习又十分重要，如果不能牢固地掌握理论知识，那么学生就很难形成系统、完备的知识体系，更不要说灵活运用知识去解决实际问题了。因此，在智育中，理论知识的掌握是第一位的，教师在教学过程中也不可避免地会对学生采取硬性要求，这是智育的特点在施教方式上的显著体现。

（三）审美个性的发展与一般智力的形成

美育注重学生个性的发展，而智育则注重学生一般智力的形成，这也是美育与智育显著的不同之处。

美育对学生审美情感的塑造有很强的灵活性。受教育者的审美感受，经过教育者的定向引导、审美媒介的感染，虽然可以发生基本或大体一致的趋向，却无时无处不充满着活跃多样的差异性。

智育则不同，这是因为理论知识的内容和原则不会根据学生的意志而发生改变。智育看重理论知识的传授，看重逻辑思维能力和实践技能的训练和培养。智育虽然也尊重个性，但更多的是在施教过程中的因材施教，是帮助学生采取更好的方法学习和掌握理论知识，而不是改变理论知识的内容与结构。例如，在美术教学中，教师会注重美学知识和绘画技法的教学，但是，在实际美术创作中，教师同样会注重学生个性的发挥，提倡学生要在艺术创作中体现自己的特点、展现自己的风格、因此，在美术教学中，经常会出现虽然大家学习的模块相同，但作品五花八门，作品内容在符合教学模块要求的前提下，呈现方式是多样化的。而在数学、物理、历史等学科的教学中，理论知识是不会随着学生的个性不同而发生改变的，学生由于自身特点的不同，在学习习惯、学习方法和对知识的掌握程度上会存在差别，教师也会根据教学实践灵活选取教学模式，但这并不能影响理论知识的内容，也不能影响理论知识的实际运用。

三、正确处理美育与智育的关系

（一）重视智育对美育的基础性作用

在中小学教育中，美育的开展需要重视智育的基础性作用。美育的目的是提

升学生的审美素质,这其中必然包括大量的审美知识教学,学生只有在掌握基本审美知识的前提下,才能充分发挥自己的主观能动性进行审美创造。

在具体的中小学美育中,教师应该提高对智育的重视。比如,在美术教学中,教师应该重视美术理论的教学,对于经典美术作品的创作背景、绘画技法、画面布局要进行全面的讲解,对于美术流派和不同的绘画风格要进行系统的介绍,对于具体的绘画方法与技巧要进行详细的教学。在此基础上,结合学生的特点展开绘画训练,保证学生审美创作的专业性。倘若学生脱离智育内容进行美术创作,就会很容易偏离美术创作的原则,变成胡写乱画。再比如,在音乐教学中,乐理的学习和音乐作品的赏析也是十分重要的教学内容。乐理包含音乐演奏中的各个基本组成元素,例如乐谱、节奏、节拍,等等。在我国中小学的音乐课本中,歌曲就是以歌词加乐谱的形式呈现的,因此,倘若学生不识乐谱,那么就会很难做到对歌曲的准确把握,歌唱训练就成了简单的模仿。音乐作品饱含着作者丰富的情感,这就需要教师带领学生去深入挖掘,只有了解了音乐作品的创作背景与其所寄托的情感,才能对作品有更加深入的了解。

综上所述,智育是美育的重要基础和前提,美育中的理论知识教学需要依托智育来完成。因此,在实践教学中,教师应该正确处理美育与智育之间的关系,重视智育对美育的基础性作用。

(二)在智育中重视美育的开展

要想正确处理美育与智育之间的关系,还要明确美育对智育的巨大促进作用,在智育中重视美育的开展。

智育主要由两部分构成,其一是知识的传授,其二是创造能力的培养。在中小学教学实践中,无论是知识的传授,还是创造能力的培养,均需要美育来发挥作用。在知识传授方面,美育能提升学生的学习兴趣、拓展学生的知识面,有利于提高理论教学的效率,同时,还能开阔学生的视野。在创造能力培养方面,美育有利于提升学生的形象思维能力,激发学生进行创造性活动的冲动。

美育的最终目的是促进学生健全、高尚人格的形成与发展,比如引导学生树立为科学献身、为人类造福的理想信念。这对于智育的开展同样具有十分重要的促进作用。

第三节 美育与体育

一、美育与体育的关系

（一）美育与体育的联系

1. 美育与体育的根源相同

从源头来看，美育与体育都起源于人类劳动。关于美起源于人类劳动，我们在前面已经进行了详细的论述，这里我们着重探讨体育的起源。

现代体育涵盖的范围非常广，它具有丰富的表现形态，对人类个体与社会的发展有多方面的价值。体育与人类的生产活动密切相关，人类为了生存和发展的需要，通过一系列方式塑造理想体质结构的过程，就是体育。作为现代体育中基础要素的各项能力，包括速度、力量、柔韧性、集体默契程度，等等，都可以在人类的原始劳动中找到它们的影子。比如，人类若想追捕猎物或者躲避野兽，就需要锻炼自身的速度；人类若想对猎物进行有效打击，就需要手臂有力量，投掷得精准、快速。因此，为了更好地生存与发展，人类就必须强健自己的体魄，否则就会被自然界所淘汰。由此可见，那一时期的人类自身体质要素的提升，主要是出于生存与发展的本能，与此同时，这也形成了体育萌芽的原始基础。

随着人类认识自然和改造自然能力的提升，人类对于工具使用的熟练程度也不断提升，并能根据生产实践的需求改进生产工具与生产方式，以使其符合生产发展规律。在这一过程中，同时包含体育与智育内容的教育逐渐形成了，这种教育的开展是以一定的身体条件为前提的，因此，人类对于自身身体素质的发展愈发重视，人类运用自己已经掌握的人体活动规律，有目的地进行创造和提升自身身体素质，与此同时，原始的体育相应地出现了。

由此观之，美育与体育都是从人类劳动中产生的。自然规律与人的目的需要的统一造就了美，美既然产生于人类劳动，其内涵中必然蕴含着人类生存和发展

所必不可少的体育元素，因此，美育与体育之间具有悠久的历史渊源。

2. 体育的目的趋向于美

体育的目的是塑造理想的体质结构和保持良好的身体机能，这种对于自身体质的锻炼包含着人类开发潜能、追求自由的崇高目的。人类对于这种目的的追求过程就是自然规律与人的目的需要相统一的过程，因此具有美的性质。

在竞技体育领域，规则是竞技组织和开展的核心组成部分。体育竞技的规则体现出了公平与公正的原则，体育竞技的过程则是通过身体对抗与体育技巧比拼实现目的性与规律性的统一，体育竞技之美就体现在这一过程之中。

在大众体育方面，体育强调的是全民参与、全民健身。大众体育将民众的健康放在首位，是以闲暇游戏方式使规律性与目的性的统一，通过锻炼、运动在自由的情境中实现，直到得到身心俱佳的愉快体验——自由生命活动的体验，寓美感于体育活动之中。

（二）美育与体育的区别

1. 心灵塑造与体能培养

美育的培养目标是完善个体的审美心理结构，美育通过对个体审美能力、审美趣味、审美情感的培养，实现塑造情感和心灵的目的。与美育重视心灵的塑造相对应，体育重视体能的培养，体育通过对个体进行速度、力量、柔韧性的训练，促进个体体能的全面发展，提高个体的环境适应能力与生存能力。

2. 教育媒介

美育与体育培养目标的不同，使得美育与体育的教育媒介也存在较大差别。美育的教育媒介主要是现实与艺术中的审美因素，即不同类型的审美对象。体育通常把显示身体强壮美、精神饱满、精力充沛，以及在竞技中能充分发挥身体潜能等具有示范性意义的整体形象作为主要教育媒介。也就是说，体育的教育媒介是人体以及人体运动的内部结构与外部形式。

3. 自由观照与意志操作

美育强调自由观照的重要性，这是由美育自身的特点所决定的，美育强调情感教育和自由愉悦，重视学生个性的发展。在美育中，审美鉴赏与审美创作虽然在具体操作过程上有较大的差别，但是两者殊途同归，都可以实现完善审美心理结构的目的。这里，我们要区分美育与专业的艺术教育，美育的重要目的是完善人的审美心理结构，而专业的艺术教育则需要提升人的艺术创作水平，因此，我们认为美育的具体教学环节是殊途同归的，是为实现同一个目的而存在的。

体育则不同，体育是通过示范作用与自我身体操作来实现的，不仅需要观察和学习规范的体育动作与技巧，还需要身体力行地进行体育训练。体育若只动眼而不锻炼，则难以实现体育的培养目标。比如，许多人都喜欢观看世界杯和洲际杯，他们对足球的技术动作与展示安排烂熟于胸，但是，仅仅靠观看足球赛事就能提升人们的足球技术水平吗？答案显然是否定的，提升足球技术水平，重要的还是在规范的指导下进行大量的技术动作练习，在科学的规划下进行身体机能训练。

二、美育对体育的促进作用

（一）丰富体育内容

在体育中引进美育原则，将体育评价与审美评价充分结合，可以形成更加符合个体体育培养需求的评价指标体系，对于体育的开展可以起到良好的指向作用。

将美育引入体育，首先要对体育中的美育因素进行充分的挖掘。部分人对体育存在一定的误解，认为体育就是单纯的身体锻炼，这种观点过分强调了体质训练在体育中的作用，是十分片面的。体育需要将人身体的协调发展与心理的协调发展有机结合在一起，促进人整体的发展。

健美就是体育与美育相结合的例子之一，健美的人体具有审美价值，人体美是自然美的重要组成部分，在现代社会里，人们并不满足于自然形态的人体美，而希望自己的躯体是健美的。因此，随着时代的发展和人们物质生活水平的不断提高，越来越多的人选择以健身的方式实现形体美的塑造。这种通过体育实现自身形体美的追求就来源于人们对美的向往。

但是，在健美的过程中，许多人一味地追求肌肉的美观，而忽视了身体结构的整体协调性，导致身体没有向更加灵巧的方向发展，反而显得笨拙，身体整体的比例失衡，这就背离了健美的初衷。体育中的美，更加侧重于自然之美、健康之美与协调之美，重视身体比例的合理和体魄的强健。在人体塑造的过程中，贯彻美与健康相结合的原则，不仅有利于形体美的塑造，还有利于人体合乎自然规律的健康发展。

（二）辅助体育训练

在体育教育实践中，必要的审美能力在一些体育技能和技巧的教学过程当中发挥着基础性的作用。比如，音乐教育有利于提升学生对节奏的感知力，体操、花样滑冰和花样游泳等体育项目就十分考验运动员的节奏感，运动员节奏感的强弱将直接影响其在这些项目中的发挥。通过美育培养起来的节奏感，对于促进运动员掌握体育运动的节奏，提高动作的协调性与灵活性大有裨益。

作为美育重要组成部分的舞蹈教育，本身同样具有强身健体、提高身体协调性的作用。审美化的舞蹈编排与动作设计本身就符合人体协调运动的规律，因此，舞蹈教育可以帮助人们锻炼体魄、提高身体协调性，为体育教育打下良好的基础。

（三）增进生理与心理健康

美育有利于促进人们生理与心理的和谐平衡与健康发展，这与体育的宗旨不谋而合。审美活动通过激发人们内心的情感，促使人们对于积极的、健康的、崇高的事物与价值观产生向往之情，帮助人们不断完善心理结构，形成正确的世界观、价值观与人生观。在美学史上，很早就有观点认为艺术作品有"净化"情绪的作用，为强烈的情绪提供宣泄的途径，并使人因此恢复或保持住心理的健康。

我国传统的美术创作讲究形神结合，画家将自己的情感寄托于笔触，将审美对象进行艺术化加工，形成优秀的作品。当我们在欣赏这些作品时，能够陶冶情操，获得精神的享受，并在此过程中理气、养神，实现内心的平衡，促进心理健康的发展。

古诗文同样也是如此，辛弃疾的《永遇乐·京口北固亭怀古》中的"斜阳草树，寻常巷陌，人道寄奴曾住。想当年，金戈铁马，气吞万里如虎"，前一句描绘了寻常百姓家的斜阳草树，后一句描绘了刘裕北伐的气贯山河，两个意境的强烈对比给人以巨大的冲击感，读后使人心情舒畅，慨叹历史兴衰和行文之妙。苏轼的《定风波·南海归赠王定国侍人寓娘》中的"试问岭南应不好。却道。此心安处是吾乡",一句点明主题,即心能安定的地方,便是故乡,词人以问答的形式表达了自己随缘自适的旷达与乐观,很容易让人产生共情,读后使人内心沉静、心旷神怡,同时又深感词句之美。类似的例子还有很多,都可以说明美育在人的心灵建设中所发挥的重要作用。心理的和谐对于身体健康也起着重要的促进作用,平和、健康的心理有利于身体的健康。①

第四节 美育与艺术教育

一、美育与艺术教育的关系

(一)美育与艺术教育的联系

1. 艺术教育是美育的主要方式

美的内涵十分丰富,包括艺术之美、自然之美、人文之美、社会之美,等等,其中,艺术是美的集中表现,艺术教育自然也是美育的主要途径。

纵观中外关于美育的研究可以发现,中外的哲学家、美学家在谈论美育时,几乎都与艺术教育紧密相关,甚至有部分人直接将美育等同于艺术教育,由此可以看出,美育与艺术教育之间的关系源远流长。

优美的艺术与人的发展相适应,与人的审美追求相协调,是一种和谐的美。艺术是人类审美情感较直接的表达方式,人们可以通过艺术表现自己的审美追求、表达自己的价值取向。同样,人们也可以通过艺术审美,感受其中蕴含的审美情感,进而将其与自己的内心情感相结合,或受到激励、或心情愉悦、或抒发感慨、或丰富认知。

优秀的艺术作品总有一种超越时代的力量,不受时间的约束,在各个时代均能给人带来美感与启迪。它可以匡正人的错误认知,培养高尚的情操;它可以给人以力量,激发人们对于美好生活的向往;它可以震人心魄,鼓舞人们奋发图强;它可以娓娓道来,抚平人们内心的创伤。优秀的艺术作品可以历经沧海桑田而不

---

① 杜卫. 美育论[M]. 2版. 北京:教育科学出版社,2014:149-155.

褪色，可以穿越五湖四海得到广泛传播，这不仅仅是因为这些艺术作品凝结着精湛的艺术技艺，更是因为其蕴含着深厚的文化底蕴，具有丰富的美育价值。

随着心理学的不断发展，人们越来越认识到，艺术绝对不是单纯的休闲娱乐的手段，其蕴含着一种更直接的、更具创造性的思维。这种观点在许多科学家身上表现得尤为明显，许多在科学领域做出杰出贡献的科学家，既具有很强的理性思维能力，同时还具有良好的艺术直觉思维品质。心理学家通过大量的研究，总结出人类存在八种以上的思维方式，而这些思维方式都能从艺术教育中得到发展，这种多元化思维方式的培养正是美育所提倡的。

综上所述，艺术教育中具有丰富的美育内涵，艺术教育是美育主要的组成部分。

2.美育是艺术教育的目的

艺术教育的基本目的就是培养和提升学生的艺术审美素质，这里的艺术审美素质既包括艺术审美能力，又包括一系列艺术技能。只有以美育为目的开展艺术教育，才能确定艺术教育的总体目标与教育方向。在具体的艺术教育实践中，有许多不同的任务，既包括技能训练，又包括具体的艺术理论教学。但是，这些具体的教学任务都需要围绕着同一中心目标开展教育活动，这一中心目标就是提升学生的综合审美素养，因为审美发展是以审美能力的发展为基本杠杆的。这些任务也为艺术课程的教材编写、教学方法的运用和每一堂课的教学设计提供了总体的方向，不致造成技能训练与情感表现脱节、知识传授与审美感受分离、思想教育与审美兴趣割裂等，偏离美育目的、违背美育规律的教学方法失误。

唯有以美育的基本目的和任务来指导艺术教育，我们才能找到艺术教育的基本教学规律。学生的审美发展是以个体审美经验的不断积累和丰富为基础的，而审美经验的获得有赖于个体积极参与具体审美活动。因此，艺术教育的组织应以欣赏、创作（制作）和批评审美活动等为主体，审美活动的组织和引导又应该以使学生获得新鲜而真切的审美经验为目标。这就要求在具体的艺术教育过程中，充分激发学生的审美冲动，吸引学生全身心投入艺术活动，鼓励学生个性化的审美创造性表现，探索出一套艺术教育的特殊教学方法。

虽然美育与艺术教育的具体教学任务和教学目标并不一致，但是美育重视对人审美素质整体提升的目标同样也是艺术教育的目的所在。

（二）美育与艺术教育的区别

1. 范围、途径不同

从美育与艺术教育的范围来看，美育的范围要大于艺术教育。美育是由"美"和"育"所构成的，美的内涵与特点，以及教育的相关知识共同构成了美育的基本内容。美育所包含的内容非常广泛，不仅仅包括艺术美育、还包括自然美育、社会美育、科技美育，等等。艺术教育包含的范围则相对较小，艺术教育主要包括具体的艺术门类的理论与技能教学，艺术教育同样重视对学生人文精神的培养，但是其人文教育是以具体门类的艺术教学为依托的，因此在范围上要小于美育。

从美育与艺术教育实施的途径来看，艺术是美较为集中的体现，因此，艺术教育也是实施美育的重要途径，可以说，美育的开展离不开艺术教育，但是，美育却不仅仅局限于艺术教育，这是由人类的审美活动所决定的。人类的审美活动不仅仅包括艺术审美，还涉及生产生活的方方面面，包括精神与物质世界的诸多领域。因此，美育也同样具有丰富的内容，我们可以沉浸在名山大川的壮丽景色中，接受自然美的熏陶；我们可以在日常的生产生活中探寻美的足迹，领略美的真谛；我们可以通过劳动与创造，将我们对美的认知融入创造性活动中去。美育丰富的内涵决定了美育的开展途径是多种多样的。在中小学教育阶段，美育的开展形式不仅包括课堂上的知识教学，还包括各种形式的课外实践活动。

在中小学教育中，艺术教育的途径主要包括音乐、美术等艺术类课程，这类课程具有明确的知识指向性，学生通过理论学习与技能训练，掌握具体的艺术知识与艺术创作技巧。为了提升艺术教育的质量，学校也可以组织学生开展相关实践活动，比如，欣赏美术作品展、参加音乐活动等，而这一过程，同样也是包含在美育之中的。可以说，艺术教育是美育的重要组成部分，但不是美育的全部。

综上所述，美育与艺术教育在内容与实施途径上具有较大差别，美育无论是在范围上还是在途径上，都要比艺术教育广泛、丰富得多。

2. 目的、任务不同

美育与艺术教育的另一个显著区别就是目的和任务不同。美育引导人们通过对社会美、自然美、艺术美、形式美、技术美等各个领域的美的欣赏与创造、陶冶情感、净化心灵、升华道德、开拓智能、愉悦身心，提高人的整体素质，促进人的全面发展，以实现人的自我完善。艺术教育同样具备以上部分功能，但是其侧重点却是具体艺术专业领域的知识学习与技能训练。

美育与艺术教育在目的、任务上的不同可以从具体的教育内容和教育方式上体现出来，美育内涵丰富，涉及学科众多且重视情感的熏陶，因此通常表现为与其他学科的融合教学。在很多情况下，美育会以一种潜移默化、润物细无声的方式进行知识的传递，这是因为美育注重的是学生整体素质的提升，而不是具体知识的教学。而艺术教育则不然，虽然艺术教育同样重视学生整体素质的提升，但是这并不是艺术教育的主体内容。艺术教育的目标是提升学生的艺术素养，它表现在中小学教育阶段，就是音乐、美术等具体艺术门类的知识与技能教学，其目的是提升学生的音乐与美术素养，使其掌握相关艺术理论知识与艺术创作技能。

二、美育与美术课程

（一）美术教育概述

1. 美术教育的内涵

美术是一种在一定平面或空间创作的、具有可视性特点的艺术类别，主要包括绘画、雕塑、建筑、设计、工艺、环境艺术等，也有人将摄影与书法归类于美术，总而言之，美术是一种视觉艺术。

美术教育是以美术学科为基础的教育门类，其教育目的主要由两部分构成：其一，通过美术知识与技巧的教学，实现美术艺术的传承与发展，满足人类社会的精神和文化需要；其二，通过审美教育，提升人们的审美能力，丰富人们的美学知识，促进人的全面发展。在现代教育中，美术是感性教育的重要组成部分，是培养人的视觉感受能力、自我认同和自我表现能力、想象力和创造力等整体智力素质的重要手段。美术教育在以培养社会需要的身心健康、全面发展的人为目标的素质教育中具有独特而不可替代的作用。

根据人才培养的目标，美术教育可以分为两类，分别是专业美术教育和基础美术教育。专业美术教育的人才培养目标是培养专门的美术人才，包括画家、美术教师、设计人才，等等。专业美术教育强调美术专业知识与专业技能的教学。基础美术教育是面向大多数人的教育，它重视美术基础知识与基本创作技法的教学。基础美术教育是专业美术教育的基础，专业美术教育是基础美术教育的深入和提高，两者相辅相成，共同构成一个美术教育的有机整体。

2. 美术课程的基本理念

在中小学阶段，美术课程作为美育的重要组成部分，对于培养和提升学生的审美能力具有重要的促进作用，美术课程的开展需要秉持一定的基本理念，其具体内容如图 5-4 所示。

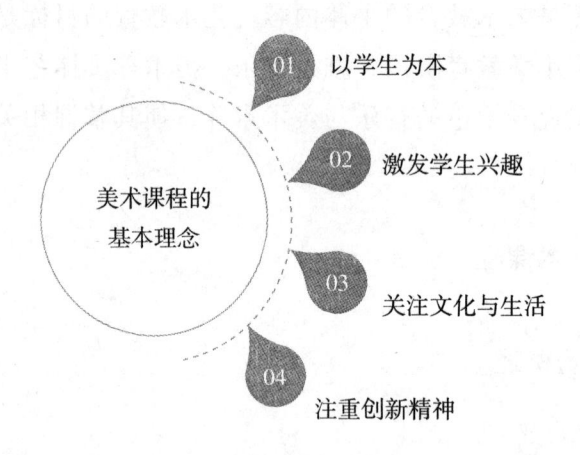

图 5-4 美术课程的基本理念

（1）以学生为本。教育的开展需要秉持以学生为本的教育理念，美术教育作为中国教育体系中的重要组成部分，也应如此。

首先，以学生为本表现在美术教育应该面向全体学生上，实施中小学美术教育，必须坚信每个学生都具有学习美术的潜能，通过美术课程教学，每个学生都能在自己潜质的基础上实现不同程度的发展。在中小学阶段的美术教育中，教师应该选择适合不同学习阶段学生的内容进行教学，重视美术基础知识的教学，使教学内容符合学生的认知水平。同时，教师还应该选择有效的教学方式，帮助学生逐渐深化对美术的认识，体会美术学习的特征，掌握美术创作的基本技法，形成基本的美术素养。

其次，以学生为本还需要重视对学生自主学习能力的培养。在当今时代，终

身学习理念受到越来越多的关注，终身学习既是一种实现个体发展的重要路径，同时也是一种催人奋进的处世哲学。美术教育不仅是对具体艺术创作技法的训练，还是对人审美素质的培养和提升，在走出校园之后，学生仍须保持对美的追求与探索，这就需要学生具备一定的自主学习能力。因此，学生自主学习能力的培养和提升，也是美术教育需要关注的。

最后，以学生为本还体现在教学评价方式上，教学评价方式对教学过程与教学内容具有重要的导向作用，教学评价方式的合理与否在很大程度上决定了教学效果的优劣。在中小学美术教育中，要明确评价的主要目的是促进学生的发展，因此，评价标准要体现多维性和多级性，适应不同个性和能力的学生的美术学习状况，帮助学生了解自己的学习能力和水平，鼓励学生根据自己的特点提高学习美术的兴趣和能力。

（2）激发学生兴趣。兴趣是最好的老师，是促使学生开展学习活动的重要动力源泉，作为艺术类课程，美术课程与学习兴趣之间的关系更是密切。在美术教育中，应该使课程内容与不同学习阶段学生的情感与认知特点相适应，以形式多样、趣味生动的教学方式，激发学生的学习兴趣。

激发学生的学习兴趣，还应该重视将课程内容与学生的日常生活紧密联系在一起，使美术教学的内容充分体现学生的生活，并强调美术知识与技能在美化学生生活方面的作用，使学生在实际生活中感悟到美术的独特价值。

（3）关注文化与生活。美术是人类文化的重要组成部分，与人类历史和社会生活的方方面面均有十分重要的联系，通过美术课程的学习，学生不仅能学习到具体的艺术创作技法，还能加深对人类丰富历史文化的了解，提升对美术社会作用的认识，并逐步形成热爱祖国优秀传统文化与尊重世界文化多样性的价值观，有利于促进文化自信与文化包容。

（4）注重创新精神。创新对于现代社会发展的巨大推动作用不言而喻，正因如此，作为人才培养核心手段的教育，自然也需要重视学生创新精神的培养。在美术教育中，培养学生创新能力的关键是在教学过程中重视学生个性的发挥，帮助学生充分运用所掌握的美术知识，将自己的审美观点转化为创意，再将这种体现个性特征的创意落实为具体的美术创作。通过对美术知识与技能的综合学习与深入探究，引导学生在具体的情境中探寻不同知识之间的联系，充分运用所掌握的知识创造性地解决实际问题。

（二）美术课程的美育价值

作为艺术教育的重要组成部分和源远流长的情感传递方式，美术课程具有丰富的美育价值，其具体内容如图 5-5 所示。

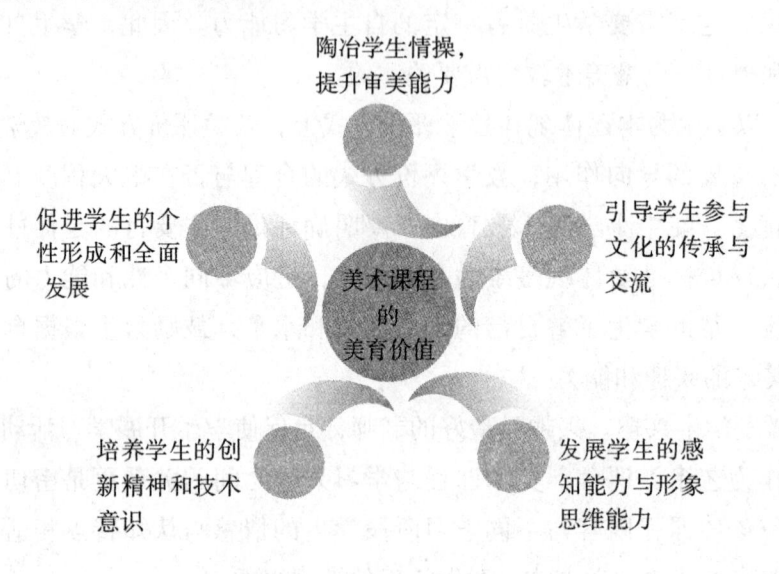

图 5-5　美术课程的美育价值

（美术课程的美育价值：陶冶学生情操，提升审美能力；引导学生参与文化的传承与交流；发展学生的感知能力与形象思维能力；培养学生的创新精神和技术意识；促进学生的个性形成和全面发展）

1. 陶冶学生情操，提升审美能力

当今时代，科技与经济发展十分迅速，这就需要人的丰富而高尚的情感与之相平衡，人类社会的发展不仅需要物质生产水平的提高，还需要精神世界的不断富足。高尚情操的培养需要充分发挥美育的作用，作为艺术教育的重要组成部分，美术教育正是美育的重要开展途径。

情感性是美术的基本品质，同时也是美术课程的重要特征，在美术课堂上，学生可以在老师的引导下开展丰富多彩的审美活动，能够从经典艺术作品中体会丰富的情感，学习美术创作的相关理论与实践知识，在陶冶情操的同时提升审美能力。

2. 引导学生参与文化的传承与交流

美术作为人类文化的载体源远流长，利用美术形象传达信息、表达感情是人类历史中重要的文化行为。学习美术知识，不仅能提升学生的艺术素养，还能为学生了解传统文化的发展脉络提供新的方向。在现代社会中，信息化水平不断提高，信息交流呈现出多样化的发展趋势。随着网络技术的不断发展，图像作为一种有效且生动的信息载体，越来越广泛地出现在人们日常交流之中。通过美术课程的学习，有助于提升学生理解和运用视觉语言的能力，使其能更灵活地将美术元素融入信息交流活动之中，进而引导学生共享人类社会的文化资源，积极参与文化的传承，并对文化的发展做出自己的贡献。

3. 发展学生的感知能力与形象思维能力

形象思维是人类重要的思维方式之一，也是美育重点发展的思维能力。在中小学教育中，多数课程都以理论教学为主，建立在抽象符号的基础之上，注重对学生抽象思维能力的训练。而美术课程则更多地让学生接触实际审美对象，重视对学生观察能力和形象思维能力的培养和提升，通过美术课程的学习，有利于发展学生的感知能力，提高学生的综合思维水平，促进学生更加全面地发展。

4. 培养学生的创新精神和技术意识

创新是当今时代社会发展的重要驱动力，因此，创新精神与创新能力也成了社会成员需要具备的重要品质。创新是美术教育的重要理念，美术教育过程中的趣味性、教学过程的自由性及评价标准的多样性，都为学生创造性活动的开展提供了适宜的环境，非常有利于学生创新精神的培养。

技术性活动是人类社会的一种基本的实践活动，美术课程向学生提供了技术性活动的基本方法，有助于培养学生的技术意识及勇于实践、善于实践的心理品质。

5. 促进学生的个性形成和全面发展

现代教育提倡尊重和保护个性，美术教育十分重视学生个性的发挥，在美术教学的过程中，教师会根据学生的个性特点选取合适的教学方式，合理调整教学内容与教学顺序，鼓励学生在创作中将美术基本理论与自身个性充分融合。这种教学模式在其他理论性较强的学科的教学过程中较难实现，由此可以看出，美术课程是较尊重学生个性的课程之一，它在引导学生形成社会共同价值观的同时，也在努力保护和发展学生的个性。

三、美育与音乐课程

(一) 音乐教育概述

1. 音乐教育的概念

音乐教育是以音乐艺术为媒介,以审美为核心的一种教育形式。它是一种艺术教育,属于美育范畴,是我国教育的组成部分,是实施美育的重要内容与途径。音乐教育具有审美性,它是通过音乐媒体进行教育的一种审美教育,是全面素质教育的重要组成部分。学校的音乐教育可分为专业音乐教育和普通音乐教育,而我们着重讨论的是普通音乐教育。

2. 音乐教育的性质和音乐课程的教育目的

音乐教育的本质是对人的塑造,音乐课程旨在解决"音乐与人"的问题,音乐教育具有唤醒、联系、整合人格的能力,它通过对人审美能力的发掘和培养,构建和完善人的审美心理结构,陶冶情操,塑造人格,促进人与人、人与社会、人与自然的和谐相处。

审美性是音乐教育的本质特性,音乐教育较深刻的价值是通过丰富人的感觉体验来丰富他们的生活质量,因此,音乐教育从本质上来说就是美育。

音乐课程的教育目的主要由两部分构成。

(1) 强调音乐自身的艺术美。首先,要培养和提升学生的音乐审美能力,使学生能够从音乐中感受到轻松、愉悦,获得心理上与生理上的满足,并能从音乐中获取更多的审美情感。其次,训练学生的相关音乐技能,培养和提升学生的基本音乐素质,深化学生对音乐的理解。

(2) 重视音乐本身之外的知识、能力和品质的培养和提升。比如,培养学生的道德品质,提升学生的认识水平,开阔学生的视野,完善学生的人格,等等。

3. 音乐教育的特征

作为艺术教育的重要组成部分,音乐教育重视学生音乐审美能力与音乐实践能力的培养。作为美育的重要途径,音乐教育重视从学生的审美情感入手开展教育活动。音乐教育具有显著的特征,其主要内容如图5-6所示。

图 5-6　音乐教育的特征

　　（1）基础性。音乐教育是培养学生热爱音乐，对音乐产生浓厚的兴趣，并使学生在音乐方面可持续发展的基础。音乐教育要面向全体学生，使学生能够通过音乐教育产生丰富的审美情感，音乐教育应该以发展学生对音乐的感知能力、欣赏能力、表现能力为出发点，帮助学生喜欢上音乐，维护学生在音乐方面的自尊心与自信心，力求使每一个学生都能体验到学习音乐的快乐。

　　在中小学音乐教育中，尤其需要注重音乐教育的基础性特征，这是因为这一时期的学生对音乐的认知尚浅，许多学生都认为音乐仅仅是一种娱乐、消遣的方式。在音乐教学中，教师首先需要使学生明确音乐课程的培养目标和培养内容。其次，需要重视音乐基础知识的教学，提升学生的音乐素养。最后，需要重视培养学生的学习兴趣，不能只进行枯燥的理论教学，这样会与部分学生对音乐的认知反差过大，不利于教学活动的开展。

　　综上所述，音乐教育的基础性主要有两个层面的含义：①重视音乐基础知识的教学与基本能力的培养，②从兴趣出发，循序渐进，培养学生对音乐的兴趣。

　　（2）情感性。音乐课程作为艺术教育的主要途径之一，美育是其基本属性，因此，音乐教育十分重视对学生审美情感的培养，情与美的有机结合决定了音乐教育的基本方式是以情动人、以美育人。

　　音乐教育形式生动、活泼，对青少年人生观、世界观及其性格、情感的养成具有重要作用。例如，音乐表演可以使青少年获得准确而生动的情感再现，使他们在学习、掌握音乐技能技巧的同时，准确理解、把握音乐形象、性格，从中获得音乐教育的现实意义。

（3）主体性。音乐教育注重对学生参与意识的培养，音乐艺术本身具有主体性特征，它不是主体简单的、单纯的模仿与再现，而是将音乐作品的真实本质融入本体，达到内化的过程。音乐实践活动的过程无一不具有创作性，甚至是独创性。在中小学教学实践中，音乐教育的主体性主要表现在以下两方面。

其一，音乐教学以学生为主体，以提升学生的基本音乐素质为目标。音乐教育不是单方面理论灌输的过程，而是让学生广泛、积极地参与音乐教育，在这一过程中，学生是音乐教育活动的主要参与者，他们既要参与到音乐教育的各项实践活动之中，同时还要在这一过程中切实感受到音乐带来的审美体验，充分接受审美教育。

其二，尊重学生个性。在音乐教育中，由于个性特点差异，不同学生对于同一首音乐的审美情感也会存在差异，这就要求教师在教授音乐作品所蕴含的普遍价值观的同时，尊重学生的审美情感差异。

（4）形象性。音乐教育形式多样、生动活泼，非常符合青少年所处的年龄段的生理与心理发展特点，不同于普通文化课程重视理论教学的教育模式，音乐教育以情感人，通过音符、节奏、节拍、旋律、和声等音乐要素，触动学生的内心，激发学生的审美情感，对于青少年世界观、人生观、价值观的形成具有重要的影响。

在校园中，每当我们听到钢琴演奏的声音，就知道一定有班级在上音乐课，这也能看出音乐课程与其他课程的区别之一就是它是一门形象的、活泼的课程。教师以音乐为教学与审美媒介，使学生在学习过程中获得准确而生动的情感再现，在学生学习、掌握音乐技巧的同时，准确理解、把握音乐的内容与形式特点，并从中获得现实的教育意义。

（5）实践性。艺术教育不仅要提升学生的艺术审美能力，同时还要提升其艺术表现能力和创造能力，因此，一切艺术教育都需要进行技巧教学与训练，需要将理论落实到实践当中，音乐教育作为艺术教育的重要组成部分，自然也具有实践性。

音乐教育不能只停留在理论知识传授的阶段，无论是欣赏音乐、演奏音乐，还是创作音乐，都不同程度地需要具备一定的音乐实践技巧，否则，一切音乐审美行为都将变成纸上谈兵。音乐所肩负的美育任务就是音乐知识传授与技能训练，倘若缺失了技艺的教学与练习，音乐所肩负的美育任务就很难完成了。

在中小学音乐教学内容中，就包含了关于声乐器乐表演技巧、识谱能力、歌唱能力等音乐实践能力的培养要求。至于音乐欣赏与创作，倘若没有一定的音乐听觉训练和音乐技能培养，也很难有效开展，由此可见，音乐是一门实践性很强的学科。

（二）音乐课程的美育价值

1. 音乐课程可以提升青少年的理想信念追求

在音乐漫长的发展历程中，有许多经典的音乐作品历经岁月的风霜，在今天依旧被人们所推崇，这是因为其形式具有跨越时代的美感，其内容蕴含着催人奋进的力量，这对人们的理想和信念具有强大的感召力和影响力。在中小学音乐课程中，可以通过讲解和教授相关歌曲，帮助学生坚定理想信念。例如，《我的祖国》《歌唱祖国》等歌曲，通过动人的旋律和优美、激昂的歌词，使学生在歌声中体会祖国山河的壮丽秀美和中国人民的勤劳勇敢，激发学生的爱国情怀，使学生树立建设祖国的理想并坚定报效祖国的信念。

2. 音乐课程有利于塑造青少年的人格品质

音乐的审美功能有利于塑造青少年的良好品质。音乐本身具有极强的感染力，音乐教育可以将抽象的社会理性内容转化为生动的、直观的感性内容，有利于促进学生对社会理性内容的理解。音乐中所蕴含的丰富的思想政治内容、伦理道德内涵，都能使学生在提升审美感受力、完善审美认知、增强审美表现能力的同时，心灵得到净化，道德情操得以升华，精神人格得以完善，这既是音乐美育功能的体现，同时也是音乐德育价值之所在。

有的音乐作品赞颂伟大的爱国情怀，有的音乐作品歌颂纯洁的亲情、爱情与友情，有的音乐作品以激昂的旋律催人奋进，有的音乐作品空灵清澈，使人的心灵得到净化，这些都体现了音乐教育对青少年人格品质塑造的巨大作用。

3. 音乐课程可以促进青少年的个性自由和谐发展

音乐具有平衡性、节奏性和内容与形式的同一性，音乐中积淀着人类丰富的情感，反映着一定的社会内容。学生在音乐学习与审美的过程中能够感受到一种自由、和谐的生存和发展状态，其品格可以得到良好的塑造，自身的个性品质也可以得到不断的完善与优化。

作为艺术教育在中小学阶段的重要体现，音乐教育重视学生个性的发展，教师采取灵活的教学模式，使音乐的课堂表现形式呈现出多样化的特点。例如，音乐教学中有合唱与独唱两种基本的学习成果展现形式，合唱有利于学生群体意识与合作关系的形成，而独唱则有利于锻炼和检验学生的个性品质与音乐教育的融合。

第六章　课外活动中的美育化教学

课外活动是中小学美育开展的另一重要途径。课外活动同样蕴含着大量的美育知识，且其开展形式丰富多样，更容易激发学生的审美感受。它虽然不像学科教学一样，以班级为单位在课堂上集中进行知识的传授，但同样具有显著的教育作用，能够使学生在参与活动的过程中获得良好的情感体验，并能够使学生开阔视野、丰富知识、发展智力、培养能力、激发兴趣。与理论说教相比，课外活动的美育过程更受中小学生的欢迎。

第一节　课外活动的审美价值

一、课外活动概述

（一）课外活动的含义

课外活动是指学校在以学科为中心的教学活动之外，对学生实施的有目的、有计划、有组织的教育活动。课外活动可以由学校组织，还可以由校外教育机构（如少年宫、少年之家、儿童活动站、儿童阅览室、青少年科技站等）组织。学校和校外教育机构组织的活动虽然在机构上不同，但是在活动的特点、内容、方式上有很多共同点，因而我们称之为校外和课外活动。

（二）课外活动的功能

从现代教育的发展要求来看，学校教育既要立足于传授知识，也要着眼于开发智力、培养能力。学生是学习的主体，他们应该在轻松愉快的环境中生动、活泼、主动地学习知识、提高能力、接受多方面的思想教育。要达到这样的目的，仅靠单一的课堂教学形式显然是远远不够的，必须辅以各种形式的课外活动。课外活动对促进青少年成长具有显著的作用，其具体功能如图6-1所示。

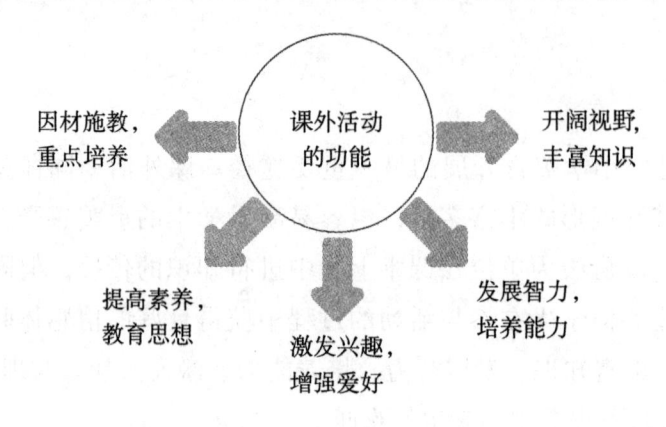

图6-1 课外活动的功能

1. 开阔视野，丰富知识

由于课时的限制与中小学教学大纲的安排，在我国的中小学教学中，老师在课堂上讲授的知识内容有限，这既考虑到了中小学生对于知识的接受能力，也符合中小学生掌握知识的规律。但是正在成长中的青少年兴趣广泛、求知欲旺盛，对于许多知识与技能具有浓厚的学习欲望，对于青少年健康的兴趣，我们应该大力支持。因为青少年正处在人生发展的关键期，同时也处于接受新知识较快的阶段，在不耽误正常学习的情况下，掌握新的知识与技能对于青少年的成长具有重大的促进作用。

在课外活动中，学生可以不受教材的约束，根据自己的兴趣，通过兴趣班、阅读书籍、文体活动等方式，广泛接触社会与自然界的各种事物，涉猎新的知识，学习新的技能，这些不仅能拓宽自身知识的深度与广度，还能开阔视野，学习和掌握新知识与新技能。

2.发展智力，培养能力

课外活动具有很强的实践性，学生在开展课外活动的时候，既需要动手操作，又需要动脑思考，这种思考与实践相结合的方式非常有利于发展学生的智力，培养学生的能力。例如，在学校组织的校外社会调研中，学生通过问卷、采访等方式获取相关信息，这既能锻炼学生的沟通能力、数据汇总能力、临时应变能力，又能锻炼学生的数据总结和分析能力，还可以让学生根据分析结果探索解决问题的方法。由此可见，课外活动能够有效锻炼学生的综合能力，提升学生的智力。

3.激发兴趣，增强爱好

兴趣对于青少年学习知识、探索世界十分重要，兴趣是我们最好的老师，同时也是我们追求知识不竭的动力。对于正处于快速成长期的青少年来说，兴趣的重要性更是不言而喻，兴趣对于青少年的学习与实践具有极强的驱动作用。课外活动的重要作用正是激发学生的兴趣、增强和拓展学生的爱好、顺应青少年成长与发展的趋势、促进青少年综合素质的提升。比如，许多学生喜欢乒乓球、足球、围棋等体育运动，但这些体育技能无法通过中小学教育实现系统的教学，此时就需要充分发挥课外活动的作用了，学生可以通过兴趣培训机构，系统学习相关知识技能。这种课外兴趣的培养，在不影响青少年学习的情况下，对于青少年的成长与发展具有重要的促进作用。

4.提高素养，教育思想

相比于课堂教学，课外活动比较直观、形象，更便于学生对知识和道理的理解和掌握。课堂教学对学生进行思想和品德教育，更多是从具体的理论知识入手的，通过给学生摆事实、讲道理，提升学生的道德认知。而课外活动则不同，课外活动主要是以实践为依托，使学生通过实践提升自己的思想觉悟，深化对于道德的认识。学生在课外活动中接触的实际的人和事，能够给学生带来更加深刻的感性认识，与说理教育相比，这种作用于学生情感的实践教育方式往往能收获更好的教育效果。

5.因材施教，重点培养

学校的课堂教学完全按照国家规定的课程计划与学科课程标准进行知识传授与技能训练，因此很难照顾到学生之间的差异性以及每个学生的个性特点，因材施教在课堂教学中主要体现在具体的教学方式上,这是课堂教学难以避免的缺陷。

课外活动能够很好地弥补课堂教学的这一缺陷。课外活动内容丰富、形式多样,能够满足学生不同的要求,学生可以根据自己的兴趣爱好与特长选择参与适合自己的课外活动。课外活动的显著作用之一就是帮助提升学生在自己擅长领域的知识水平与实践能力,在这一过程中,教师可以发现学生的长处,有利于教师根据学生的爱好与特点因材施教。[①]

(三)课外活动的特点

1. 自愿参与

自主选择是课外活动的重要原则之一,课外活动与课堂教学的显著不同就是课外活动是学生自愿参与的,学生可以根据自己的兴趣爱好选择要不要参与课外活动,或者参与什么类型的课外活动。

2. 自主活动

课外活动受教育场所的约束较少,可以为学生提供更多的自由与空间。在开展课外活动时,学生是绝对的主体,教师只是起到组织、指导与辅助的作用,比如,负责组织课外活动的开展,在学生遇到难以解决的问题时为学生答疑解惑,维持课外活动的纪律,等等。在课外活动中,学生是学习的主人,通过自主探索、合作探究等方式实现知识的获取。

3. 形式多样

课外活动丰富的内容使得其组织形式与课堂教学不同,课外活动的组织形式不受教室的限制,多种多样,它为学生提供了更多认识世界、获取知识和培养能力的途径。学校可以根据自身的特点和具体的教学实践组织课外活动。比如,所处地区文化资源丰富的学校可以多组织学生开展校外文化实践活动,而生态环境优良地区的学校可以组织学生开展以生态环保为主题的课外活动。

4. 内容开放

课外活动不受教学计划与课程安排的限制,凡是符合教育要求的、有利于学生身心健康发展的活动,学校都可以根据自身条件组织开展。课外活动在内容

---

① 王英奎. 学校美育[M]. 沈阳:辽宁人民出版社,2009:71-74.

上贴合实际生活，相比于课堂理论知识教学更富有新鲜感；在形式上也更加开放灵活，它可以使学生在更加广阔的生活领域中自由学习、成长，为课堂教学提供良好的辅助作用。

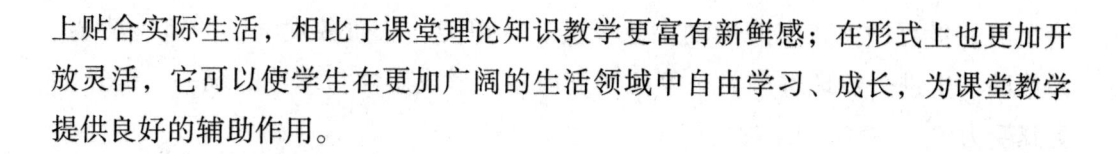

二、课外活动的审美价值

（一）课外活动与美育

虽然人类具有爱美的天性，但是人们审美能力的培养和提升主要还是依靠后天的学习与实践。美育具有很强的实践性，需要学生亲自参与审美实践活动，通过对形式多样的美的直观感受，激发其审美情感，并使其接受美的熏陶和感染。

"纸上得来终觉浅，绝知此事要躬行"，开展多种课外活动，把美育寓于各项课外活动之中，引导学生直接参加创美实践活动，让学生在一系列审美活动中提升审美感受力，提高鉴赏美、创造美的能力，加强审美修养，树立高尚的审美观。

学校的各种课外活动中，都包含着丰富的美育内容，完全与美育无关的课外活动是不存在的。挖掘课外活动内容本身的内在美和运用课外活动形式艺术化的外在美，可以促进学生的素质全面和谐发展。

综上所述，课外活动因为形式丰富多彩，内容贴近生活，具有形象、生动、自由、开放的特点，非常符合美育重视直观形象与情感教育的性质，因此它能引导学生发现美、欣赏美、创造美，是提升学生审美能力的重要途径之一，具有很强的美育作用，与注重抽象思维、强调理论教育的课堂教学形成良好的互补关系。

（二）课外活动的审美价值

1.通过课外活动提升学生的审美感受力

审美感受力是感知、想象、理解等多种情感在审美活动中协调活动的能力，这种能力既包括对审美对象外在形象（比如颜色、形状、声音）的感知能力，还包括对审美对象的情感表现以及内在表征的感悟和理解能力。课外活动内容丰富、形式多样，能够为学生的审美活动提供丰富的材料，使学生充分陶冶在美的世界中，在实践活动中感受美、认识美，从而激发学生的审美情感，并帮助学生进一步理解审美对象的深刻内涵，形成感性与理性的统一，提升审美感受力。

2. 通过课外活动提升学生的审美鉴赏力

审美鉴赏力指的是审美主体对审美对象的形象与内涵进行理性评价的能力。审美鉴赏力既包括对美、丑的辨别能力，又包括对美的性质、类型与程度的识别能力。审美鉴赏力是在感知美的基础上，对审美对象形式和内容进行整体把握，做出科学的审美判断的能力，具备了这种能力，不仅能准确地把握美的外在形式，还能透过形式领略其深刻的内涵。

在课外活动中，学生能够将自己所学到的美育知识与审美实践充分结合，在丰富多彩的审美实践中（如绘画小组、摄影小组、演奏乐团等）不断磨炼、提升自己的审美鉴赏力，达到韵味无穷的审美境界。

3. 通过课外活动提升学生的审美创造力

审美创造力是人在感受美、认识美、鉴赏美的基础上，进一步通过自己的审美认知与实践活动，根据美的规律表现美或创造出美的事物的能力。这种能力需要以丰富的审美情感与一定的审美鉴赏力为基础，是人们审美能力质的飞跃，是审美素质整体发展的突出表现。

很多课外活动都十分重视对学生审美创造力的培养和提升，审美教育只有最终落实到提升学生的审美创造力上时，才能真正实现提升学生审美素质的美育目标。比如，在绘画兴趣小组中，老师会组织学生观看画展，引导学生鉴赏历史名作，教给学生一些绘画小技巧，活动开展的形式多种多样，但最终一定会落脚在学生的绘画创作上，因为绘画创作既是学生审美情感的表达，又是学生审美能力的体现。

综上所述，学校在保证正常的教学进度与教学秩序的前提下，组织学生参加课外活动，并注重课外活动中美育的实施，可以有效提升学生的审美感知力、审美鉴赏力与审美创造力，促进学生审美综合素质的提升。

第二节 课外活动的审美内涵

一、课外活动的基本形式

课外活动内容丰富、形式多样，可以满足绝大多数学生培养兴趣、发挥特长的需求，对课堂教学起到了良好的补充作用，课外活动的基本形式如图 6-2 所示。

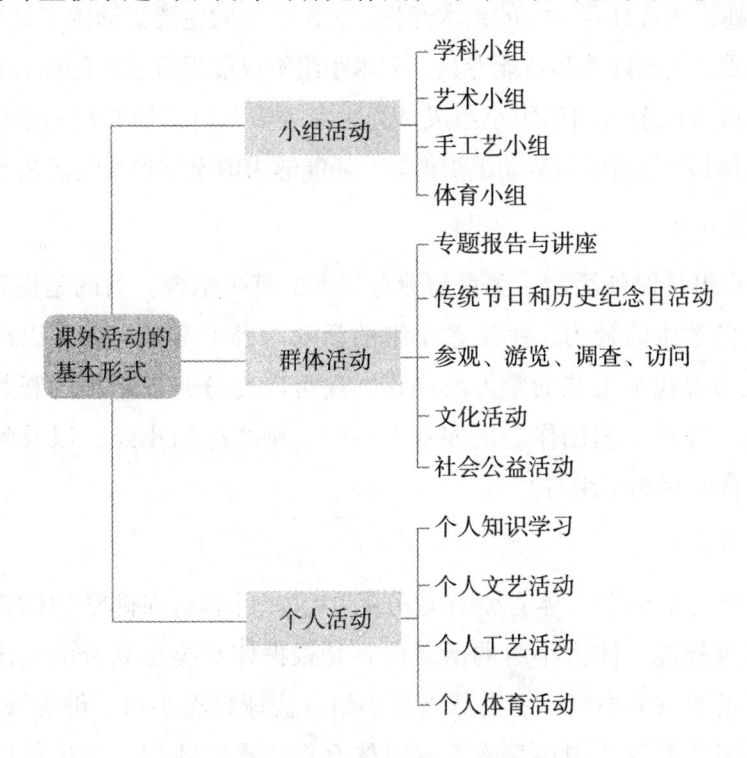

```
                    ┌─ 学科小组
          ┌─ 小组活动 ─┼─ 艺术小组
          │          ├─ 手工艺小组
          │          └─ 体育小组
          │
          │          ┌─ 专题报告与讲座
课外活动的 │          ├─ 传统节日和历史纪念日活动
基本形式  ─┼─ 群体活动 ─┼─ 参观、游览、调查、访问
          │          ├─ 文化活动
          │          └─ 社会公益活动
          │
          │          ┌─ 个人知识学习
          └─ 个人活动 ─┼─ 个人文艺活动
                     ├─ 个人工艺活动
                     └─ 个人体育活动
```

图 6-2 课外活动的基本形式

（一）小组活动

1. 学科小组

学科小组就是根据学生对不同学科的喜爱程度，以学科为划分依据组成的不同类型的课外活动小组。学科小组的特点是与课堂教学联系相对比较紧密，能

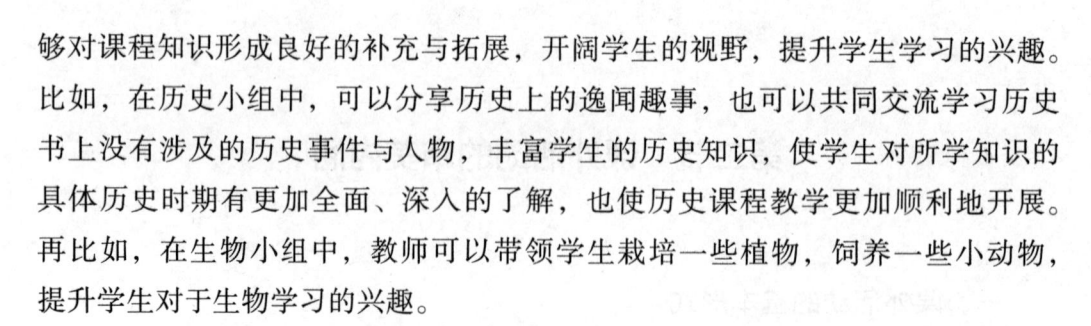

够对课程知识形成良好的补充与拓展，开阔学生的视野，提升学生学习的兴趣。比如，在历史小组中，可以分享历史上的逸闻趣事，也可以共同交流学习历史书上没有涉及的历史事件与人物，丰富学生的历史知识，使学生对所学知识的具体历史时期有更加全面、深入的了解，也使历史课程教学更加顺利地开展。再比如，在生物小组中，教师可以带领学生栽培一些植物，饲养一些小动物，提升学生对于生物学习的兴趣。

2.艺术小组

艺术小组主要面向的是对艺术感兴趣的学生，艺术小组的成员，需要对艺术具有浓厚的兴趣，或者具有一定的艺术专长。艺术小组的主要活动内容是提升学生的艺术审美素质、艺术修养和技能专长。艺术小组不仅能提升学生的综合素质，还可以在节假日或者课余时间组织小组成员为大家表演节目，提升校园整体的美育氛围。如果艺术小组的辅导与活动组织得好，还能够为国家培养和输送艺术人才。

3.手工艺小组

手工艺小组是课外活动、美育与劳育三者的有机结合，目的是提升学生的动手能力，开发学生的智力。手工艺小组的活动内容丰富多彩，可以组织学生进行各种传统与现代手工艺的学习与制作，还可以充分开发学生的智慧、调动学生的积极性，进行工艺创作。比如木工小组、刺绣缝纫小组，以及各种与现代手工艺相结合的兴趣小组等。

4.体育小组

体育小组是根据学生体育爱好划分的小组，目的是强健学生体魄、提升学生特定的体育技能。体育小组的活动内容是根据体育类型划分的，比如乒乓球兴趣小组、足球兴趣小组、羽毛球兴趣小组、篮球兴趣小组、健美操兴趣小组、武术兴趣小组，等等。中小学生普遍对体育有较高的热情，学生可以根据自身的喜好与特长选择适合自己的兴趣小组，并通过小组活动锻炼自己的身体，提升自己的体育技能。

（二）群体活动

1.专题报告与讲座

专题报告与讲座是学校常见的群体活动之一，其重要作用是开阔学生的视野，丰富学生的知识，为学生提供具有较强针对性、专业性和即时性的知识教育，主题明确是其显著特点。专题报告与讲座可以结合当今国际局势与国内外大事，或根据某一具体知识点开展，还可以分享特定主题的相关事迹与故事，请专家、学者、英雄、模范对学生进行现身的教育与科学知识的普及，以丰富学生的知识、提升学生的兴趣、深化学生的认知、激发学生的情感。

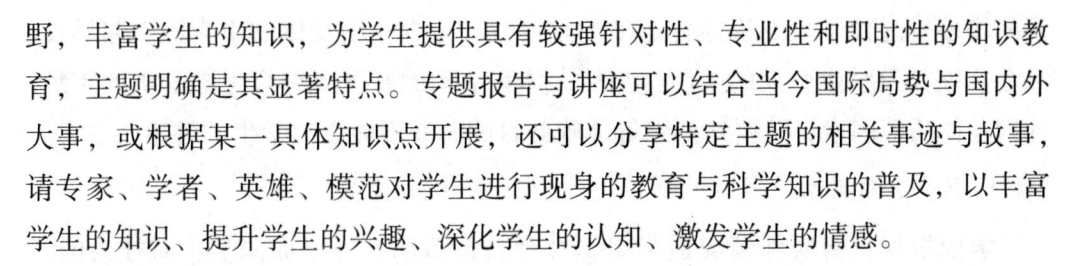

2. 传统节日和历史纪念日活动

传统节日与历史纪念日承载着我们国家与民族的历史和文化，需要一代又一代的人去体验、学习与传承，青少年作为祖国未来的栋梁，应该使其充分参与这种具有明显民族符号的传统节日和历史纪念日。学校可以在新年、国庆节、青年节、儿童节等节日组织联欢会，通过具体的活动陶冶学生的身心、开展教育；也可以在清明节组织学生去烈士陵园扫墓，对学生进行革命教育，培养学生的爱国主义情怀。

3. 参观、游览、调查、访问

参观、游览是广受学生欢迎的课外活动组织形式，其特点是生动、形象、直观，能够丰富学生的直观经验，让学生接受现实的、生动的教育。比如，在历史教学中，课堂理论知识较为抽象，学生通过历史教科书中的图片可能很难理解相关生产工具或器物的具体使用方式，为此学校可以组织学生参观历史博物馆，让学生近距离观看文物细节，并根据具体的文物展开相应历史时代的文化知识教育，这便于学生深入理解相关历史知识，同时可以拓展学生的视野。

调查、访问重视对学生实践能力的培养。学校组织学生访问革命老人、英雄模范人物，调查社会民情、经济和文化建设成果。这可以扩大学生与社会、群众的接触面，使学生学到课本上没有的知识，从具体的经历中了解时代的发展，在丰富学生知识、增长学生见识的同时，提高学生的沟通交流能力。

4. 文体活动

学校可以在节日期间或规划出的特定时间组织师生进行全校性的文艺演出活动或体育运动会，通过文体活动，培养学生的集体主义精神，提升学生的综合素质。文体活动的内容十分丰富，文艺活动包括合唱比赛、演出活动、舞蹈表演等，体育活动包含运动会、球赛、登山活动等。

体育活动需要经常开展，青少年正处于身体迅速发育的阶段，中小学文化课程的增多容易使学生忽视体育运动的重要性，青少年的身体健康应该引起学校、社会、家长及学生个人的关注。当然，体育活动的开展要综合考虑学生的年龄、性别、体质等因素，既要达到强健体魄的目的，又不能影响学生的健康。

5. 社会公益活动

学校根据自身实际情况适当组织社会公益活动，可以加深学生对社会的了解，并使学生在公益活动中受到教育与锻炼。比如，在植树节，学校可以组织学生进行植树活动，培养学生保护环境、珍爱花草的意识。在节假日时，学校可以组织学生为残疾人、离退休教师等做好事、送温暖，让学生在课外实践活动中感受人间真情，提升思想道德素质。

（三）个人活动

个人活动是学生在教师的指导下，根据自身的兴趣、爱好、特点开展的以个人为主的课外活动。个人活动不是闭关造车、离群索居，而是在"天生我材必有用"思想的指导下，充分发挥自身的优势，在自己感兴趣的领域或者擅长的领域进行深入学习，不断磨炼自身的技能。

个人活动包括书刊阅读、个人写作、乐器演奏、绘画摄影，等等。个人活动的目的是激发学生的兴趣、充分发挥学生的专长，但在活动中需要秩序的维持与成果的考察，以免使个人活动变成无组织、无纪律的自由活动。成果的考察无须以考试的形式进行评价，可以规划出时间，让学生在班级中汇报、展示自己的成果，同学们之间互相交流、欣赏、评价，最后教师给予点评，这样既能丰富学生的学校生活，还能锻炼学生的审美能力。[1]

二、课外活动的审美内涵

（一）课外活动具有丰富的审美内涵

学校美育通过将美育知识渗透进课堂教学与课外活动之中，使学生对形式多样的美产生直观感受，激发学生的审美情感，使其充分感受美的熏陶，进而提升学生的审美素养。

学校美育的实施必须充分考虑学生的年龄、年级、心理与生理特点，对于

---

[1] 王英奎. 学校美育[M]. 沈阳：辽宁人民出版社，2009：74-75.

不同类型的学生分别制定不同的美育目标，采取更具针对性的美育方式。比如，对于低年级的学生，应该将美育的重点放在美的感染力上，以美的事物进行感染教育，重点培养学生的审美感受力；而对于高年级的学生，应该逐渐提升其审美综合素质，重视对其审美鉴赏力、审美判断力与审美创造力的培养。

青少年的形象思维优于抽象思维，因此我们应该重视中小学美育的开展，在教学中渗透美育知识，将美育的理念与教学理念深入融合，尽量避免或减少空洞的理论说教，用生动的形象感染学生，以形感人、以情动人，充分发挥美育情感性与形象性的特点。在这方面，课外活动能发挥重要的作用。

课外活动之所以是学校美育的重要组成部分，是因为课外活动具有形象、生动、贴近生活等特点，与美育重视形象思维的特点非常符合。通过形式多样的课外活动，学生能够提升自身的知识水平、实践能力、创造能力，树立高尚的审美观。美育是促进学生成长与发展不可或缺的一环，是面向全体学生的，而丰富多彩的课外活动，如兴趣小组、专题讲座、文体活动等，都充分体现着美育的内容，能够充分满足学生发展的需要。学校应该根据学生自身的特点与兴趣爱好，开展形式多样的课外活动，并注意使课外活动充分展现美育的价值。

具体来说，课外活动是学校教育的重要组成部分，从表面来看，课外活动发挥的是调节学生情绪、缓解学生学习压力的作用。深入挖掘会发现，课外活动都是学校按照一定的教学目标和人才培养目标设计出来的重要隐性课程。例如，在课外活动的三种基本形式中，小组活动是以学习特定知识与技能为目的组织起来的，活动内容中蕴含着丰富的美育因素，如形象美、艺术美、科技美等。群体活动则强调学生形象、生动、直观的体验与感受，从形式到内容，都包含着丰富的美育内容。

（二）美育对课外活动具有良好的促进作用

课外活动蕴含着丰富的美育内容，对中小学美育有重要的促进作用，同时，美育对课外活动的开展同样具有重要的影响。由于课外活动不以教室与教材为依托，与社会的接触面较广，因此，课外活动在帮助学生更加全面的认识社会、体验生活的同时，也容易受社会不良文化因素的影响。在课外活动中渗透美育的内容，可以有效避免某些庸俗低劣的非主流文化对学生的课外实践活动造成冲击。

美育能够将学生的思想、兴趣、爱好向高尚、文明、健康的方向引导，美育通过影响学生的审美情感，不仅能陶冶学生情操、调节学生情绪、激励学生奋进，还能提升学生的审美鉴别力、培养学生高尚的审美情趣，使学生在课外活动的过程中，能够明辨美丑是非，充分感受美的洗礼。

第三节 课外活动的组织与实施

一、课外活动设计的基本要求

课外活动的开展不是简单地组织学生进行课外活动，而是根据学生的实际需求，结合学校自身的教学与发展实践，进行科学的设计与合理的规划，课外活动的设计需要满足以下六点基本要求，具体内容如图 6-3 所示。

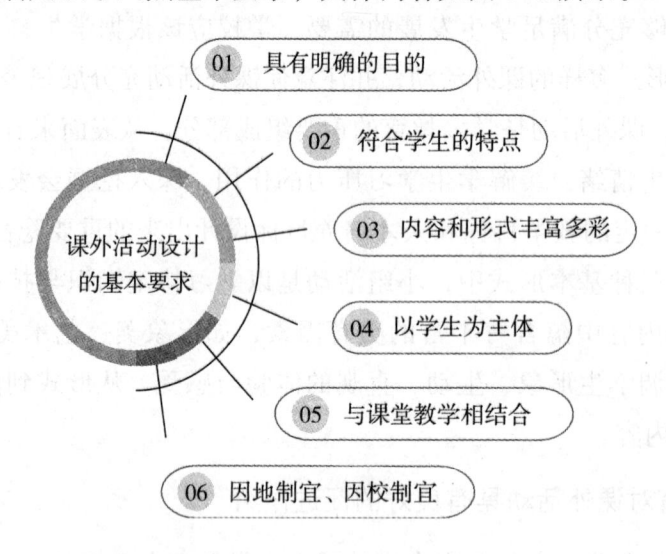

图 6-3 课外活动设计的基本要求

（一）具有明确的目的

课外活动无论采取什么样的方式，包含什么样的内容，必须具有明确的目的。因为大部分的课外活动是脱离课堂与教材的，如果没有明确的指导目标，课外活动很容易就会失去秩序，偏离教育轨道，不仅不能完成活动任务，还会

浪费学生和老师的宝贵时间。这种现象在部分小学课外活动中有所体现，小学生比较活泼、好动，且自控能力较差，课外活动倘若没有科学的组织与明确的目标，很容易造成纪律性差、秩序混乱的现象。

课外活动的组织需要以明确、具体的目标为前提，从宏观来看，课外活动开展的目的是丰富学生的知识、开阔学生的眼界、提高学生的能力、提升学生的素质。从微观来看，不同的课外活动应该有更为具体的目标。比如，组织学生开展文艺活动的目的就是培养和提升学生的审美素养与道德情操，发展学生的特长，为国家培养文艺人才。总之，所谓目的明确，就是要使课外活动的目的具体且符合实际，符合学生成长发展的需要。

（二）符合学生的特点

课外活动要想更好地实现美育的效果，应该在内容和形式上符合学生的特点，重视学生的差异性。学生的差异性主要表现在两个方面，其一是不同年级的学生在生理和心理的成长发展方面存在巨大差异；其二是同一年级不同学生之间在性格、兴趣爱好、生活环境等方面存在一定的差异。同一类型的课外活动在不同年级的要求应该有所不同，在同一年级还需要考虑学生的具体特点，因材施教，这样才能较大程度地提升课外活动的人才培养效果。

（三）内容和形式丰富多彩

课外活动作为课程教学的辅助和拓展学生知识与技能的重要路径，在内容和开展形式上一定要丰富多彩，富有吸引力，以保证其能够吸引更多的学生，实现拓展学生知识面与提升学生技能的目标。

课外活动在内容上一定要丰富且贴合学生学习和成长实际，让学生在参与课外活动时有更多的选择空间，能够根据自己的兴趣自愿参与自己喜欢的课外活动，学校在组织课外活动时不能强迫或者摊派学生。在形式上，课外活动的开展也要具有多样性，学校根据自身实际情况与学生发展的需求灵活选择、调整课外活动的组织方式。一是为了提升课外活动的趣味性，使学生能够主动参与进来；二是为了使课外活动能够充分发挥美育的作用，更好地适应学校和学生的发展需求。

（四）以学生为主体

学生是教育的主体，同时也是美育的主体，课外活动作为中小学教育的重要组成部分，也应该坚持以学生为主体的原则。课外活动是学生根据自己的兴趣爱好自愿参与的，是旨在发展学生专长的活动，因此在课外活动的开展过程中应该充分体现学生的参与精神，强调学生的主体地位。

在课外活动设计上，应该重视内容的丰富、全面，使其能够尽可能兼顾更多的学生，同时应该根据不同年级学生的特点以及学生之间的差异性设计不同的课外活动开展方式。课外活动的设计还可以征求学生的意见，培养学生的主人翁意识，使学生真正成为课外活动的主人，这也有利于学生独立人格与创造精神的培养。

（五）与课堂教学相结合

成功的课外活动应该能够对课堂教学起到良好的补充与辅助作用。首先，课堂教学与课外活动之间具有密切的联系，两者在目标上具有一致性，都是为了实现学生知识的丰富与能力的提升，因此课堂教学与课外活动应该相互配合、相互促进。其次，课堂教学根据教学大纲开展，具有系统性与整体性的特点，但是课堂教学是有重点的教学，不可能面面俱到，因此，它需要将课外活动作为补充。以历史教学为例，历史的课堂教学需要抓住历史中政治、文化、经济、军事等领域的重要节点和重要事件，并以此为线索按照教学大纲的要求进行教学。但是历史学科内容的时间跨度大，内容极为丰富，很难在课堂上频繁展开教学，要想使学生了解更多的历史知识，就需要依靠课外活动来发挥作用，学校可以组织历史兴趣小组，可以邀请教师参与拓展相关历史知识，也可以通过学生之间交流的方式，分享历史趣事以及自己的感悟。在这一过程中，学生丰富了知识，同时培养和提升了其热爱知识、热爱探索的优良品质，这充分体现了课外活动的智育与美育功能。

（六）因地制宜、因校制宜

我国幅员辽阔，各地情况千差万别。发达地区和边远地区、城市和农村，在经济文化背景、学校物质条件和师资水平等方面相差很大。因此，开展课外活动要因地制宜、因校制宜。

学校在组织课外活动时，需要综合考量自身的实际情况与人才培养的需要，

既不能将课外活动办成有名无实的面子工程,也不能超出自身能力,影响正常的课程教学安排。要将学生发展的需要与学校实际情况有机结合,同时充分挖掘并利用学校与区域的独特优势与优质教学资源,科学、合理地开展课外活动。

二、课外活动的组织

(一)校内活动的组织

校内课外活动主要由学校、教师直接组织和领导,活动的范围在学校内部,可以在课堂上,也可以在校园中任意合适的地点。虽然课外活动是学生根据自己的兴趣爱好自愿报名参加的,但是这并不代表学校和教师可以对其放任自流、不闻不问。虽然学生是课外活动的绝对主体,但是在课外活动中起主导作用的仍然是学校和教师。

学校应该重视课外活动的美育、智育作用,将其作为学校教学工作的重要组成部分。在组织上,学校应该派专门的人员负责计划、组织、领导、实施课外活动,并切实解决课外活动中存在的问题。校级活动可由校长、教导主任、团委书记组织领导;班级活动可由班主任组织领导;小组活动可由有关学科教师组织领导。

校内课外活动一般与课堂教学关系密切,因此,在校内课外活动的内容设计上,应该重视课外活动与课堂教学的衔接。特别是学科兴趣小组,由于学科兴趣小组对场地、设备要求不高,且适合数量较多的学生共同进行交流、讨论,在这一过程中,遇到难以攻克的知识性问题,还需要教师的指导,因此,学科兴趣小组一般采用校内组织的形式。学科兴趣小组重视对各学科知识的拓展与深化,在内容的设计上,各学科涉及的知识量较大,经常把握不好兴趣小组讨论、学习的内容与学生的知识接受能力之间的平衡。在课堂教学中,课程大纲是按照学生的认知规律和知识的体系结构制定的,具有科学性与合理性,符合学生学习的一般规律。因此,学科兴趣小组较好的开展形式就是跟随课堂教学进度,横向拓展相关知识。通过学科兴趣小组,学生可以更加深入地理解课堂所学的知识,使学科兴趣小组能够对课堂教学起到良好的补充与辅助作用。

对于各类校内课外活动,学校应该定期进行考察和指导,考察内容主要分为两部分。其一,对课外活动开展情况进行考察,考察课外活动的开展方式、活动内容、学生反馈，等等；其二，对学生的学习情况进行考察，考察的方式可以多样化，其主要目的是保证学生在课外活动中学有所得，不能让课外活动仅仅停留在表面。学校应该根据考察结果及时总结经验，解决课外活动中存在的问题，并为课外活动的进一步发展提供保障。

（二）校外活动的组织

校外课外活动是学校教育的重要补充，其组织主体包括教育机构、社会团体、街道、家长等。这里的教育机构主要指的是青少年宫以及各种业余兴趣爱好培训机构等。

由教育机构组织的课外活动种类丰富、形式多样，从活动内容来看，主要分为两类。一类是综合性的，也就是在同一教育机构中同时设立多个教育部门，以开展形式多样的活动。这种教育机构的代表是各地的青少年宫和少年之家。另一类是单项性的，也就是在同一机构中只开展一项活动，其中典型的代表是青少年业余体校与青少年图书馆。由教育机构组织的课外活动受区域影响较大，因为类似青少年宫与青少年业余体校等教育机构，在全国范围内的发展并不平衡，大中城市相对多些，中小城市和乡村地区则相对较少。

由于社会团体具有相对明确的类型划分与建设宗旨，因此，其组织的活动多以单项活动为主，且具有较强的专业性。比如，由民间体育团体组织的青少年足球队、篮球队、乒乓球队，由民间艺术团体组织的青少年业余合唱队、民乐队、舞蹈队等。由街道组织的活动，一般都设有专职或兼职辅导员，他们以离退休的干部、教师、工人为主。活动内容多为复习课、文体活动，这种组织形式的优点是其设立在学生身边，便于学生参与。受制于学生与辅导员的数量和空间分布，这种课外活动的组织形式以小型分散的为主。由家长组织的课外活动，则主要以复习在学校所学的知识为主，特点是规模较小、组织灵活、内容与学校教学联系紧密。

三、课外活动的指导

（一）课外活动的指导理念

1. 尊重学生的个人意愿与兴趣特长

自愿参与和兴趣原则是开展课外活动的重要原则，也是学生进行学习、参与

活动的动力来源。课外活动的形式与内容设计需要遵循这一原则，同样，课外活动中教师的指导也应该遵循这一原则。

课外活动不是学生的自由活动，而是学生在教师的引导下自由开展学习与交流的过程，在这一过程中，教师需要充分发挥指导作用，因此，教师在课外活动中扮演着重要的角色。在课外活动中，教师应该因势利导，使学生不断探索知识、磨炼专长，而不是以自己的判断为依据，对课外活动中的知识内容进行强制的规定。

对于青少年来说，兴趣是其学习的重要驱动力，它可以激发青少年潜在的能量，在遇到困难时，促使其积极思考，锲而不舍地寻求解决的办法。美育重视学生个性的发展，发展学生的个性也正是课外活动的重要任务之一，自主性作为发展学生个性的重要保障，应该在课外活动中得到足够的重视。教师应该在课外活动中重视学生自主性的发挥，并通过它来不断发展学生的个性，充分发挥课外活动的美育作用。

对于学生意愿与兴趣的尊重，还应该体现在课外活动的过程之中。无论课外活动采取何种形式与内容，都应该注重学生个人意愿的表达，可以让学生自由提出自己的看法，也可以组织学生对不同的观点进行讨论，充分发挥学生的主体作用，集思广益，形成具有创造性的见解与意见。

2. 注重学生的均衡发展

中小学阶段是学生知识体系与能力结构不断构建和完善的阶段，他们尚不能完全确定未来的发展方向，因此，这一阶段应该保证学生知识体系与能力结构的均衡发展。教学活动可以主次分明，但不能顾此失彼，课外活动作为学校教育的重要组成部分，也应如此。

课外活动重视培养和提升学生的专长，但是特殊才能的培养不能影响学生整体的均衡发展，在开展课外活动的过程中，应该同时兼顾学生的一般能力、价值观念和行为方式方面的养成与发展，在活动进行过程中应该有意识地引导学生全面发展。

3. 重视游戏与自由活动

游戏与自由活动看似没有目的性，也不需要教师的指导，甚至有些教师会认为游戏与自由活动是在浪费学生的时间。实则不然，游戏与自由活动本身是具有教育作用的，也具有美育价值，关键要看教师在这个过程中如何指导。

游戏考验着学生的团队合作能力与协调分配能力，游戏的规则体现着公平公正的精神，竞技性游戏，如足球、篮球、乒乓球、棋类运动等，则蕴含着丰富的体育竞技精神。教师在游戏的组织和开展过程中对学生加以合理引导，可以将美育的理念更好地渗透进游戏之中，在强健学生体魄的同时，潜移默化地培养和提升学生的审美素质。

即使是没有明确目的的游戏与自由活动，也考验着学生的组织与协调能力，学生会讨论如何开展游戏、如何组织活动、如何分配人员、如何制定和调整游戏规则，等等。这一过程具有独特的教育作用，能在潜移默化中培养和提升学生的组织能力、协调能力、独立性与责任感。

（二）课外活动实施应注意的问题

1.要重视课外活动的美育作用

课外活动是学校教育的重要组成部分，但仍然有部分教育工作者对课外活动的重要性认识不足，认为课外活动与课程教学无关，耽误学生和教师的时间，浪费学校的资源，课外活动的开展可有可无。这种观点是非常错误的，课外活动是课堂教学的延伸，是提升学生综合素质的重要路径，是实施美育的重要方式。

教育工作者应该转变传统的观念，足够重视课外活动，认识到美育与素质教育之间的关系，并积极参与课外活动的组织与指导，这样才能充分发挥课外活动的美育作用，才能将课外美育真正落到实处。

2.要重视学生在课外活动中的主体地位

美育与课外活动均重视学生的兴趣与个性，要想充分发挥课外活动的美育作用，就必须采取自愿的原则，使学生自愿参加适合自己的课外活动，这样才能保证学生有极大的学习动力。在课外活动开展的过程中，要鼓励学生勇于表达自己的观点，照顾学生的个性与特长，充分调动学生的积极性，使学生主动接受美育。

3.要使课外活动充分发挥其应有的作用

若想使课外活动充分发挥教育作用，必须将课外活动的宗旨、原则、指导

理念落到实处，贯彻教育思想，渗透美育理念。课外活动的实施需要真抓实干，学校和教师应该对课外活动进行科学的组织和指导，保证课外活动的内容充实、秩序良好。课外活动还应该持之以恒，科学合理的课外活动内容应该长期保持下去，形成相对稳定的课外活动组织形式，在具体内容和形式上可以根据实践的变化不断调整和发展。

第四节　课外活动的延伸

一、互动式学校、家庭、社会美育的概念

（一）互动式学校、家庭、社会美育的内涵

课外活动具有重要的美育价值，校内课外活动的组织主体是学校，而校外课外活动的组织主要依靠家庭和社会的力量，互动式学校、家庭、社会美育即由此诞生。

"互动"的含义是事物之间产生影响与作用，互动式学校、家庭、社会美育以美育为中心，以学校为主导，通过学校、家庭和社会三者之间密切的联系与配合，实现美育路径之间的协调，拓宽美育的渠道，充分发挥学校、家庭、社区的资源优势，优化育人环境，促进学生的健康成长。

互动式学校、家庭、社会美育突破了仅仅将美育局限于学校的"小美育"观，它充分挖掘美育的内涵，将美育实施主体的范围扩大至学生的整个学习与生活环境之中，倡导学校、家庭和社会齐心协力共同实施美育的"大美育"观。它让美育融于学生学习与生活的每一个空间，使学生能够在充满美的世界中接受美育的熏陶。

（二）互动式学校、家庭、社会美育的意义

美育的本质是一种情感教育，是一种全方位的、贯穿人生整个过程的教育，因此，美育的实施不能仅仅依靠学校来完成，还需要家庭和社会共同努力。美育的实施需要相对自由开放的环境，以及开明、尚美的家庭环境。

从社会发展的角度来看，随着科技的进步与经济的高速发展，物质生活水平获得很大程度的提升，人们对精神文明的追求也逐渐提升。家庭和社会的文化生活需求和品位不断提升，人们对美育的需求也随之提升，用美育优化生活环境、促进精神文明建设，已经成为人们的共识。

从学生成长的角度来看，青少年正处于生理与心理成长发展的关键期，非常容易受到外界环境的影响，良好的学习与生活环境对学生的发展具有重要的促进作用。学生的学习与生活环境是由学校、家庭与社会共同构成的，因此，学生的健康成长需要学校、家庭、社会三者共同发挥作用。

从美育的内容来看，美育按照开展主体进行分类，可以分为学校美育、家庭美育和社会美育。无论是学校美育、家庭美育还是社会美育，都具有悠久的历史，三者之间相互独立，又相辅相成，有明确的区分，又有密切的联系。美育是一个系统的工程，内容丰富、形式多样，它的发展需要学校、家庭和社会共同发挥作用。

综上所述，无论是从社会发展的角度，还是从学生成长的角度，抑或是从美育的内容来看，美育的开展都需要学校、家庭和社会三者之间充分协调、相互配合。家庭和社会呼唤着美育，同时，美育的开展也需要家庭和社会的配合。学校、家庭和社会都具有丰富的美育资源，但任何一方都难以独立发挥好美育的功能，因此，整合学校、家庭和社会的美育资源，促使学校美育向家庭和社会延伸，是美育发展的必然趋势，这对美育的全面实施具有十分重要的现实意义。

二、互动式学校、家庭、社会美育的开展路径

（一）学校美育与家庭美育的互动

1.学校与家庭共同开展美育活动

（1）加大美育宣传力度。家庭美育是美育的重要组成部分，是美育的摇篮，是学生生活环境的主体组成部分，无论是学校美育，还是社会美育，都难以媲美家庭美育那种长期耳濡目染和无形的示范作用。因此，实现学校美育和家庭美育的整合是美育工作的重要环节。

学校与家庭共同开展美育活动的首要环节就是加大美育的宣传力度，使家庭意识到美育的重要作用，美育宣传的途径包括开设审美教育讲座、订阅相关杂志、直接将美育的重要性传达给家长等。

（2）开展多样性审美活动。只有家长认识到美育对学生成长与发展的重要意义，才能自觉参与到美育的过程中来。学校可以开展多样性的审美活动，使家长认识到美育的重要性。审美活动的具体开展方式可以根据学校和家庭的具体情况而定，比如，学校可以组织开展与语言相关的美育活动，语言是我们日常交流的重要工具，但是在日常生活中，人们对语言的运用普遍存在诸多问题。学校可以以此为主题开展美育活动，让学生与家长互相监督，发现日常生活中语言使用"美"的一面以及不足的一面，寻找语言运用不规范的地方，并记录下来，大家相互提醒、相互促进。再比如，学校可以组织学生和家长共同完成相关美育任务，它可以是艺术表演，也可以是手工创作，通过这一过程丰富学生与家长的审美情感。

2.充分利用家庭美育资源

家长之中不乏对美育的热心人士，也有不少艺术方面的人才，这都是家庭美育宝贵的资源，学校应该充分加以利用。例如，在组织开展社区美育时，许多热心的家长就自发地参与进来，成为沟通学校与社区的纽带。一些家长为学校美育活动的开展积极出谋划策，并提供力所能及的帮助；还有的家长充分发挥自己的艺术专长，热心、无私地为学校开展艺术教育服务。从以上这些事例可以看出，家庭的美育资源对学校美育工作的开展具有重要的推动作用。为了实现学校美育与家庭美育的整合，学校应该注意合理挖掘和利用家庭中的美育资源。

（二）学校美育与社会美育的互动

1.学校与社会共同开展美育活动

无论是人还是美育都具有显著的社会性，社会是人生存和活动的主要场所，社会美育是美育的重要组成部分。因此，中小学美育的发展需要充分发挥社会的作用。在中小学阶段，我们强调学校美育与社会美育的互动，这里有两个方面的考量。

（1）美育的开展需要学校、社会、家庭共同发挥作用，学校美育与社会美育在许多方面有着共同的价值追求,双方的美育目标都是培养和提升人们的审美素质,进而促进社会道德的整体发展。同时双方在美育内容上还具有较强的互补性,学校美育重视对学生审美知识、审美能力和创美能力的培养,但审美对象的类型和数量相对较少,而社会美育虽然在审美知识的传授方面逊色于学校美育,却可以通过大量的现实素材给予学生丰富的审美体验。学校美育与社会美育的充分结合,可以使学生在丰富的审美实践中深化对美育知识的理解,更好地实现美育的目的。

(2)在中小学阶段,社会美育不能脱离学校美育而独立开展。首先,因为青少年的生理与心理发展尚不成熟,很容易受到外界环境的影响。社会中存在各种各样的思想与价值观,健康、正确的价值观自然能对青少年的成长与发展起到促进作用,但少部分不健康、消极的价值观则容易对青少年的成长造成不良影响。其次,社会中广泛存在着与美育相关的机构或者组织,这些机构、组织的教育水平良莠不齐,很容易造成学生美育知识体系的混乱。综合以上两点原因,在中小学阶段开展的社会美育,是与学校美育充分结合的美育,是在学校的组织、管理和指导下进行的美育,只有这样,才能保证中小学美育的质量,保证学生的审美素质向健康、正确的方向发展。

2.充分利用社会美育资源

相比于学校美育和家庭美育,社会美育较为显著的优势就是拥有丰富的美育资源,社会美育资源主要可以划分为两个类型,分别是社会美育人才资源与社会美育物质资源。

(1)充分利用社会美育人才资源。学校的师资力量是有限的,特别是艺术类教师,而且学校承担着学生德育、智育、美育、体育和劳育的重要任务,很难在国家规定的艺术课程之外开设更多门类的艺术课程。社会中的艺术人才则可以起到很好的补充作用,学校可以聘请他们为学校美育服务,比如举办专题讲座、参与兴趣小组的辅导教学、为学生提供专题艺术指导等。学校还可以将社会艺术团体请进学校进行艺术表演,使学生感受艺术美的熏陶,同时提升学生的审美感受能力与审美鉴赏能力。

(2)充分利用社会美育物质资源。学校受限于经费与场地,美育的形式与类型相对较少,要想拓展学校美育的实施路径,就必须与社会美育相结合,充分利用社会美育丰富的物质资源。比如，学校可以租用社会闲置的场地，进行美育教学，还可以与社会美育机构合作开展美育教学，丰富美育的类型，拓展美育的路径。

通过对于社会美育资源的整合，学校既解决了自身美育的硬件设施和人力资源紧张的问题，又实现了美育的教育目标，社会美育资源在获取了经济利益的同时，获得了更多的发展机会。学生则通过学校美育与社会美育丰富了审美知识，提升了审美素质。可以说，这是一种学生、学校与社会共赢的美育整合式发展模式。

第七章 学校美育环境建设

随着时代的发展与教育理念的不断更新，校园环境的美育作用越来越受到人们重视，校园环境的美育化发展也成为学校建设的重点。校园环境看似是简单的封闭环境，实则是包含多种人文与物质要素在内的相对复杂的系统。学校作为中小学生学习与成长的主要场所之一，校园环境直接影响学生的审美体验与身心健康的发展。因此，推进中小学美育化教学，必须重视校园美育环境的建设。

第一节 校园美育环境建设的作用

一、校园环境概述

（一）校园环境的内涵

学校作为教学活动开展的主要场所，对于学生的成长和发展具有重要的影响。校园环境是校园文化的重要组成部分，由物质环境和精神环境构成。物质环境主要包括学校的建筑、设施、花草树木、硬件配套，等等；精神环境主要包括办学理念、校风、学风、教风、人际环境，等等。

校园环境对于学生的心理和行为具有重要的影响，良好的校园环境可以促进学生身心的健康发展，使学生沐浴在美的氛围中，可以充分调动学生的积极性和主动性，提升学习效率，有利于学生良好学习习惯的养成。相反，不健康的

校园环境则会对学生的成长和发展产生不利的影响。学生的身心健康是其正常学习、生活、社交、发展的前提和基础，校园环境的好坏直接影响学生心理健康的发展，因此，校园环境的建设应该得到充分重视。

（二）校园环境的特征

由于自身职能的原因，相比于社会环境与家庭环境，校园环境有着显著的特征，其主要内容如图7-1所示。

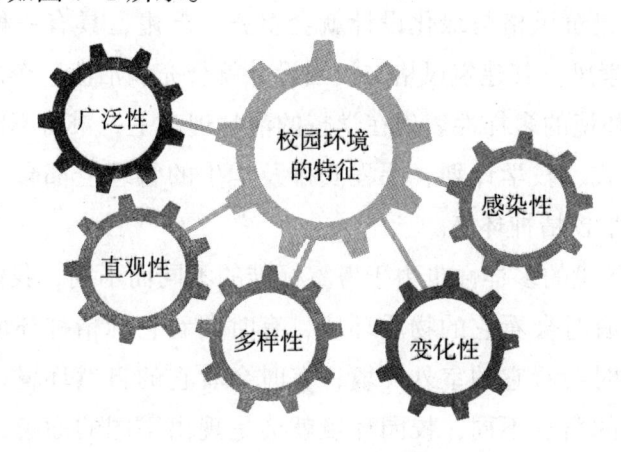

图7-1 校园环境的特征

1.广泛性

校园环境看似是简单的封闭环境，实则是相对复杂的系统，其中广泛包含多种因素，有自然的、人文的、物质的、精神的，等等。校园环境作为中小学生学习与成长的主要场所，其每一个组成要素都会对学生的发展产生潜移默化的影响。校园环境具有很强的感染和熏陶作用，能够通过各种途径影响学生的身心发展。

2.直观性

校园环境是形象的、具体的、直观的，无论是校园物质环境，还是校园精神环境，都是能被学生直观感受到的。物质环境自不必说，是以具体的形象呈现在学生面前的。学校的精神环境也是蕴含在具体的物质环境和人与人之间的互动交流之中的，是能被学生明确感知到的。比如，良好的校园环境既体现在校园建筑、设施和花草树木的美观上，也体现在良好的校风、浓郁的学风、和谐的人际关系和友好的师生关系上。

3. 多样性

校园环境根据观察角度的不同呈现多样化的特点，因此，校园环境具有多样性，其主要体现在以下几点。

第一，校园环境的多样性体现在不同学校的环境差异上。学校环境建设没有统一的标准，不同的学校在环境建设上的思路也有所不同，有的学校秉持严谨的办学理念，其建筑风格与绿化设计就会整齐、严肃，具有一种工整美；有的学校崇尚自由的学风，其建筑风格与校园设计就会充满活泼、奔放的气息。

第二，校园环境的多样性表现在学校的治学理念上，秉持不同治学理念的学校在课程开展方式、教学计划、课程安排及学生的管理上都会有所不同，从而形成不同类型的学校精神环境。

第三，校园环境的多样性也由于考察标准的不同而不同，我们考察一个学校的校园环境时，有时会看它的物质环境，有时会看它的精神环境；有时会看它的室内环境，有时会看它的室外环境；有时会看它的自然环境，有时会看它的社会环境。观察的角度不同，校园环境就会呈现出不同的面貌，展现出多样性的特点。

4. 变化性

时代是不断发展变化的，为了适应时代的要求，教育的理念、内容、模式等要素同样也是会不断发展变化的，作为教育开展的主要环境，校园环境也会跟随教育的发展产生变化，既包括教学设施的更新换代，也包括学校面目的焕然一新。校园环境的变化能产生新气象、体现新理念、带来新发展，为教育的开展注入新的活力。

5. 感染性

无论是校园物质环境还是校园精神环境，都能够使学生产生直观的感受，以具体的形象和氛围直接影响学生的审美感受，具有很强的感染性。以教学楼为例，富有青春活力的建筑风格与色彩搭配能够给人以阳光、活泼、求新的审美感受，有利于学生保持积极向上的学习状态；稳重、古朴的建筑风格与色彩搭配能够给人以沉静、严谨、尚学的审美感受，有利于学生避免浮躁、沉心静气、严谨求学。

二、校园美育环境建设的重要性及原则

（一）校园美育环境建设的重要性

校园环境建设之所以要具备审美价值，是因为其对于青少年的身心具有较强的感染作用。这种感染作用在低年级体现得尤为明显，因为此阶段学生的身心发展尚不成熟，外界环境带给学生的直观感受能够对其情感与思维产生重要的影响，这种影响是潜移默化的，同时也是无处不在的。

环境的建设归根结底是为人服务的，而人的发展离不开美，具体到学校的环境建设中，就是校园环境的设计与建设应该以教育发展规律以及教师、学生的审美感受为主来考量。美具有感染性，能在潜移默化中影响人们的情绪，无论是教师还是学生，只有在美的环境中工作与学习，才能保持积极、健康的情绪，充分调动积极性与主动性，实现更好的发展。

（二）校园美育环境建设的原则

1. 教育性原则

校园是育人场所，校园环境之中的各种因素都有可能对学生的身心发展产生潜移默化的影响，进而影响学生的学习与成长。因此，校园环境的建设必须符合学生身心健康发展的需求，体现教育性原则。从整体风格到细节处理，学校的环境建设必须具备积极、健康、富有教育意义的审美因素，建筑风格与景观设计应该符合学校的办学理念与教育风格，各种类型的文化符号应该体现学校的特色以及对于知识的崇尚。总体来说，校园的环境建设应该具有较高的审美价值，充分体现各种环境因素的多元教育意义。

2. 科学性原则

科学性原则指的是校园环境的设计和建设需要符合学生的身心发展特点与教学发展规律，需要遵循美学、生理学、心理学、教育学、建筑学、社会学的基本原理。在校园物质环境与精神环境的建设中均要体现崇尚科学、崇尚知识、符合学生与教学发展规律的理念，使校园环境建设实现科学与艺术的有机统一。

3. 实用性原则

校园美育环境建设的实用性原则主要体现在两个方面。其一，在校园建设和美化的过程中，要根据学校自身的实际情况与经济条件，本着经济、实用的宗旨进行建设活动。其二，校园环境建设要以实现教育发展、促进学生健康成长为出发点，确保校园环境的建设能够具有实实在在的审美价值，而不是外强中干的面子工程。

三、校园美育环境建设的作用

（一）有利于师生的身心发展

校园美育环境以形象、具体的美为出发点，可以激发师生的审美情感、满足师生精神生活的需要、提高师生对于学习和生活的情趣。不同的环境能够给人以不同的审美体验，进而产生不同的心理效应，而不同的心理效应又会对人的行为和价值观产生影响，因此，校园美育环境的建设对于师生身心的发展十分重要。

在中小学教育中，由于学生的生理、心理发展尚不成熟，因此，校园环境对于学生的影响相对较大。从物质环境建设的角度来看，校园物质环境美主要表现在学校环境美、教室环境美及自然环境美等方面。校园物质环境美能够以具体的形象使学生产生直观的审美感受，进而形成一定的审美心理，并对学生的行动产生积极影响。校园精神环境美主要表现在校风班风、人际关系、校园文化等方面。精神环境美能够直接影响学生审美价值观的形成，比如，良好的校风班风能够激发学生的集体荣誉感、自豪感，能够在日常的学习生活中创造美好的心理氛围。

无论是教师还是学生，都始终走在身心发展的路上，而身心的发展在很大程度上会受到环境的影响，校园作为教师与学生主要的工作和学习场所，对于师生身心发展的影响不言而喻，因此，应该重视校园美育环境的建设。

（二）促进师生的工作与学习

校园环境对于师生的工作与学习具有重要的影响，主要表现在以下两点。其一，校园环境能够对师生的审美情感产生显著的影响，而师生的审美情感与教学实践相结合，能够形成独特的审美意识，并进一步影响师生的工作与学习实践。其二，校园环境能够直接影响师生的情绪，进而影响师生的工作与学习状态。

就读在美育建设情况良好的校园环境中，能够帮助学生形成良好的心境、唤起学生愉悦的学习情绪，对于学生学习积极性与主动性的提升具有良好的促进作用，教学更容易收到预期的效果。相反地，就读在美育建设情况较差的校园环境中，学生很容易产生焦躁、烦闷、忧愁等不良情绪，使学生难以专心致志地进行学习，因此很难实现理想的教学效果。这种校园美育环境建设的差距，对于青少年的影响尤为显著。当然，学生主观条件的不同也会影响学习的效果，意志坚强的学生能够战胜恶劣的环境，而情绪敏感的学生很容易被环境的变化所左右。因此，校园美育环境对于学生成长与发展的影响是与其他条件综合作用的结果。

（三）培养学生高尚的道德情操

校园美育环境建设能够愉悦学生的内心、陶冶学生的情操，使学生沐浴在美的氛围中。整洁美观的校园、窗明几净的教室、文明和谐的人际关系、崇学尚知的校园风气等，无论是校园物质环境，还是校园精神环境，都以一种润物细无声的形式、以一种启发式和感召式的教育手段，陶冶学生的情操，给学生带来积极的审美感受，对学生的生理和心理产生持久的促进作用，加深学生对于美好生活的向往，坚定学生对于美好理想的追求，不断完善学生的道德认知体系。

第二节　建设优美的校园物质环境

一、校园建筑的审美化建设

（一）校园建筑审美化建设的重要性

建筑是学校的标志性景观，是校园环境的主要组成部分，校园建筑具有功能性与文化性双重属性，兼具实用功能与文化象征意义。

从功能性上来看，校园建筑的首要作用是为教职工和学生提供工作和学习的场所，所以，建筑的设计与规划必须具有符合教学活动的规律，科学安排空间，规划严谨，功能合理，从而为教学活动更好地展开提供物质保障。

从文化与审美的视角来看，虽然校园建筑的首要作用是发挥实用性功能，但是校园建筑的设计和建设不能仅仅满足于实用性，还应该考虑其文化与审美作用。无论是从视觉的角度，还是从土地规划的角度，校园建筑都是校园环境的主体，人们对于一个学校最早、最直观的印象往往来源于其建筑风格以及其中所蕴含的文化气息。教师与学生置身于美的环境中，也会产生积极的审美情感，对于教学活动具有显著的促进作用。

综上所述，校园建筑的审美化建设是使用功能与审美功能的有机统一，是在为学校教学活动提供保证的同时，丰富校园文化内涵，提升校园环境审美价值的重要手段。由此可见，校园建筑的审美化建设是十分必要的，需要引起重视。

（二）校园建筑审美化建设的原则

校园建筑的审美化建设不是单纯的建筑设计美化，而是遵循学校教学实践发展的规律，体现学校的办学理念，展现学校的审美文化。在校园建筑审美化建设中，需要遵循以下四个原则，具体内容如图7-2所示。

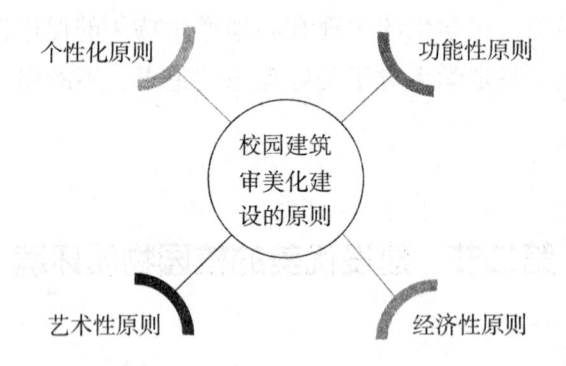

图7-2 校园建筑审美化建设的原则

1.功能性原则

功能性原则是校园建筑设计的首要原则，因为校园建筑的主要功能就是教育教学功能，即为教职工和学生提供工作与学习的场所。功能性是设计时需要重

点考虑的因素，事物总是因为需要实现一定的功能而被设计出来的，比如，交通工具被设计出来是为了方便运输，标志被设计出来是为了提升识别度，房屋被设计出来是为了居住，等等。有的事物重视实用功能，有的事物重视审美功能，但毋庸置疑的是，功能性对于任何事物来说都是其主要属性，校园建筑同样也是如此。

建筑的功能性本身也是其审美价值的重要组成部分，因为美不仅仅体现在事物的外在形象上，还体现在其内部结构与实用价值上，美是形象与内涵的有机统一。因此，在校园建筑审美化建设的过程中，首先要遵循功能性原则。

2. 经济性原则

经济性原则是从成本与功效的角度审视校园建筑审美化建设的，力求以最小的成本实现最大的价值，在符合学校预算的基础上，获得最实用、优质、美观的建设成果。在校园建筑审美化建设的过程中遵循经济性原则，不是单纯地减少建设开支，而是使资金发挥最大的功用，既不能铺张浪费，也不能偷工减料。

3. 艺术性原则

艺术是美的集中体现，美的事物应该具有较强的感染力，具有积极向上的精神力量，校园建筑审美化建设的重要目的就是提升校园环境的整体形象，丰富校园环境的文化内涵，在设计中通过艺术之美展现校园的文化特征。

形象美是校园建筑审美化建设的重要目标，因为外在形象给人的感受是较直接的、较具体的，重视形象美，不仅仅是因为美的形象能够给人以良好的审美体验，更是因为校园建筑审美化建设需要通过形象之美来展现其内涵之美。比如，如果一个学校的建筑毫无美感，就会在很大程度上影响人们的审美体验，甚至会对人们的情绪产生消极影响，对于长期在其中工作和学习的师生来说，更是如此。

在校园建筑审美化建设的过程中，艺术性与审美性不仅仅体现在外在形象的美化上，还体现在能够将校园文化的内涵通过艺术设计完整地呈现出来，校园建筑审美化建设中的美是形象与内容的有机统一。校园建筑应该在实用性的基础上充分体现美感，并将学校的办学理念、治学思想、文化特征、校训等文化元素充分融入建筑的艺术设计中，使学校的建筑能够体现丰富的审美内涵。

4.个性化原则

校园建筑审美化建设还应该遵循个性化原则，校园建筑设计不应该照搬照抄，而应该根据自身的教学与发展实践，在设计和建设中体现学校鲜明的个性。在校园建筑审美化建设中贯彻个性化原则需要注意以下两个问题。

其一，校园建筑审美化建设不能千篇一律，需要体现学校的文化特征。校园建筑的设计风格、色彩搭配、艺术造型都应具有鲜明的审美特征，不仅仅在形象上要与其他学校有所区别，在内涵上也应体现学校自身的文化特点与价值取向。比如，在建筑设计中几何形状、新兴技术的合理运用与较为鲜艳、活泼的色彩搭配，充满青春与活力，能够给人以崇尚科技、艺术、创新的审美感受，体现了学校积极进取、追求创新的理念。

其二，校园建筑审美化建设不能盲目追求个性，要重视在实用、美观的基础上展示文化特征。美是需要符合事物的性质与发展规律的，学校是教育场所，不是艺术馆，也不是科技中心，即便是以艺术、体育见长的学校，教育也是其根本的职能。因此，校园建筑的设计首先要注重其在教育教学领域的实用性，同时形象不能太过夸张，要注重形象与内涵的统一，保证建筑的形象符合学校的定位。

二、校园景观的审美化建设

（一）校园景观审美化建设的重要性

校园景观主要包括校园人文景观与校园绿化两大方面。相比于校园建筑，校园景观带给学生的审美感受更直接、更频繁。校园景观遍布于学生课下玩乐、休憩的场所之中，环绕在学生周围，以生动、具体的形象呈现在学生面前，对学生审美情感的影响较为直接。

丰富校园景观设计中的审美内涵，能够产生良好的美育效果。环境优美、设计合理的校园景观，能够为学生提供便利，缓解学生的学习压力，使学生的心情得到放松，激发学生的积极性、创造性，打开学生的思维，促进学生身心发展，有利于学生更好地开展学习活动。由此观之，校园景观审美化建设具有重要的美育意义，是中小学美育建设的重要组成部分。

（二）校园景观的审美化建设

1.人文景观的审美化建设

校园人文景观包括雕塑、广场、喷泉、道路等各种设施，校园人文景观承载着深厚的校园文化，并通过结构造型和色彩搭配展现出来。与此同时，部分具有实用价值的人文景观，如道路、凉亭、座椅等，还应该体现人文关怀。比如道路的设置，校园中的主要道路应该重视通达度与实用价值，而花园中的道路应该曲径通幽且兼具实用价值；座椅的设置应该实用、美观，且座椅的设置无论是在数量上还是在布局上都应该符合学生的活动规律。

在人文景观审美化建设的过程中，应该充分结合美学、心理学、人类学等学科的相关理念进行设计和布局。人文景观不应该是孤立存在的，每一处人文景观都应该具备较强的文化象征意义，且这些景观在形象上应该具有相对统一的审美风格，在内涵上应该符合共同的价值取向与办学理念。

2.校园绿化的审美化设计

校园绿化主要包括花草树木等绿色植物与花卉的设计、种植与养护，校园绿化的审美化设计也需要符合两方面的要求，其一，校园绿化的审美化设计应该具备特征鲜明的形象美；其二，校园绿化的审美化设计应该具备一定的实用性。

首先，校园绿化的审美化设计应该重视形象美，这是校园绿化审美价值的直接体现，无论是郁郁葱葱的树木还是五彩缤纷的花朵，都能给人带来鲜明的审美感受。学生行走在校园中，能够充分感受到自然之美，放松心情，陶冶情操。校园绿化虽然不具备校园人文景观那样深厚的文化内涵，但是其可以通过不同的设计与规划来体现学校的文化特色。或整齐划一、或错落有序、或张扬奔放、或包容内敛，校园绿化的审美化设计正是通过不同花草树木的规律性排布，丰富校园环境的审美内涵。

其次，校园绿化的审美化设计还应该重视实用性，植物具有调节气候、防风防尘、防雨防暑、防噪静心的作用，在校园绿化的审美化设计中，需要重视植物的这些实用性功效，对校园绿化进行科学的规划设计，实现实用性与审美性的统一，为学生提供良好的学习和生活环境。

三、教室的审美化建设

（一）教室的审美化建设的重要性

教室是学生学习的主要场所，在校期间，学生的大部分时间是处于教室之中的，教室环境带给学生的审美体验是极为普遍而深刻的，对于学生的审美情感具有直接的影响。同时，由于教室是绝大多数教育活动开展的场所，因此，教室环境对学生学习的影响也是较为直接的。优雅、健康的环境，会对学生个性的培养、心理素质的锻炼、道德习惯的形成、知识才能的增长起到积极的促进作用；反之，则会影响学生的学习活动与健康成长。

由此观之，教室虽小，但由于其与学生的联系较为紧密，因此，教室的审美化建设具有十分重要的美育功能，对于学生的学习、成长与发展来说十分重要。

（二）教室的审美化建设

教室的审美化建设既能体现一个班级的班风和学风，还能激发学生的审美情感、促进学生的学习，同时还是一个班级区别于其他班级的重要标志。教室文化的丰富多彩，也能展现出中小学美育对学生个性的尊重。中小学教室的审美化建设，应该重视以下几点。

1. 意趣美

教室的审美化建设既能体现一个班级的班风和学风，还能激发学生的审美情感，促进学生的学习，同时还是一个班级区别于其他班级的重要标志。教室的审美化建设首先应该注重意趣美，中小学生热情奔放、充满活力、想象力丰富，其内心世界丰富多彩，充满好奇与幻想。在教室审美化建设的过程中，应该重视学生的个性特点，既包括学生不同年龄阶段的身心发展特点，还包括班集体所表现出来的特征。在教室审美化建设的过程中，要合理布局教学设施，按照美的特点进行教室布置，重视班级之间的差异性，使教室的建设充分展现出班级的个性，既不能千篇一律，也不能过分张扬个性。只有这样，才能使教室的审美化建设充满意趣之美。

2. 格调美

教室的审美化建设不是为了应付学校的检查，也不是为了班级间的评比，而

是为了润物细无声，让学生能够置身于美的环境中，获得良好的审美体验，陶冶情操，潜移默化地接受美育的洗礼。因此，教室的设计必须具有高雅的格调、具有深厚的意蕴、具有丰富的文化内涵、具有积极向上的内容，保证其能够充分反映班级的文化，且有利于促进学生的学习与成长。同时，教室的设计应该符合班级的风格，彰显班级的理念，在教室设计中争奇斗艳或者敷衍了事都是不可取的。

3. 层次美

教室的审美化建设还需要重视层次美，这是提升教室外在形象美的重要手段，形象美带给人们的审美体验较为直接、形象、具体，极易激发学生的审美情感，影响学生的情绪。教室是学生在校活动的主要空间，因此，教室的审美化建设需要营造宽松、和谐的氛围，为学生更好地开展学习提供良好的环境保障。

教室的审美化建设应该既大气整洁，又层次分明，无论是奖状、字画的张贴，还是展览牌、黑板报的设计，抑或是盆景、装饰物的摆放，都应该整齐有序，同时应该注重教室中各种要素的整洁。由于教室空间较小，过于复杂的设计很容易呈现出凌乱的形象，难以实现预期的设计效果，反而会对学生的情绪产生不良的影响。因此，教室的审美化建设应该注重大气整洁，同时具有层次感。

第三节　营造良好的校园精神环境

一、校园精神文化的美育功能

（一）有利于人格培养

校园精神文化是学校的办学理念、治学思想、管理思维、文化内涵和文体活动的综合呈现。丰富的校园精神文化，不仅有利于丰富学校的文化生活，为学生营造轻松怡人的学习环境，让学生在紧张的学习之余放松心情，还有利于学生身心的健康发展，让学生形成积极向上、乐观自信的学习和生活态度。

校园精神文化美育功能的发挥是润物细无声的，这是由于校园精神文化的组成要素十分丰富并且是抽象的，它包括治学理念、校风班风、校园文化符号、校园文化活动及学校的管理艺术，等等。这些要素大部分看不见摸不着，却又时时刻刻都在对学生产生着潜移默化的影响。

学生的人格是在学习与生活的过程中逐渐形成的，而人格的形成过程极易受到周围环境的影响。学校作为中小学生学习与生活的主要场所之一，其环境对于中小学生人格的形成自然会产生重要的影响。生活在充满文化底蕴、氛围积极健康、处处充满美的校园中，学生能够获得良好的审美感受，充分享受美育的熏陶，感受到生活的美好和生命的意义，形成积极、乐观的学习和生活态度，从而逐渐形成健全的人格。

（二）有利于道德形成

良好的校园精神文化能够形成良好的学习、工作和生活氛围，生活在这种氛围中，学生的品德修养和道德认知会在潜移默化中被引领着向健康、高尚的方向发展。校园精神文化建设良好的学校，会在课堂教学和课外活动中渗透对于高尚品德的追求，会在校园管理中重视道德规范和以人为本，会在校园环境设计中体现深厚的人文情怀。比如，在校园环境设计中，在雕塑和绿化周围设立措辞幽默的提示牌，可以培养学生保护环境、爱护公共物品的良好习惯；在校园体育比赛中，严格执行规则，可以帮助学生树立公平竞赛的理念；在学校厅廊中摆放模范人物雕塑、悬挂附带简介的名人画像，可以培养学生崇尚知识、热爱祖国、为人民服务的优秀品质。

中小学阶段是学生道德体系形成的关键时期，这一时期学生的生理和心理发展迅速且敏感，很容易被外界因素所影响。学校应该认识到这一特点，并充分加以利用，为学生营造良好的学习和生活氛围，谨防外界不良思想的侵入，保证学生的健康成长，充分发挥校园精神文化的美育功能，向学生传达积极、健康的价值观，帮助学生不断完善道德体系。

（三）有利于艺术陶冶

艺术是美的集中体现，艺术教育是校园文化与美育的重要组成部分，校园精神文化中的艺术元素有利于提升学生的审美素质，帮助学生树立正确的审美价值观。

充满浓郁艺术氛围的学校能够为学生带来良好的审美体验，使学生沉浸在艺术的海洋中，锻炼心智，提升审美能力。学校可以通过校园广播、宣传栏、校园报纸等方式，传播丰富的艺术知识，拓展学生的艺术视野。学校还可以通过

开展艺术活动、组织参观艺术展览等方式,开发师生的艺术潜能,提升师生的艺术素养。

校园建筑与景观是一种具象的艺术,其造型设计、空间陈列、色彩搭配等方面均蕴含着丰富的艺术理念,学生置身于校园环境之中,可以充分感受到艺术的熏陶,体会到其中蕴含的深厚的艺术人文精神,启发思维、陶冶情操、提升审美感受力和审美判断力。

二、构建良好的校园精神文化体系

(一)完善办学理念

1. 办学理念的内涵

理念是人们在长期的实践中总结形成的思想观念和行为模式的抽象概括,办学理念则是学校发展中的教学观念、教学思想的集合,它集中体现着学校的教育价值追求,其核心是学生观、教育观和学校观。

2. 办学理念的意义

办学理念对于学校的重要意义主要有两点。

其一,办学理念是学校自身发展的需要。办学理念既是一个学校治学思想的集中体现,又对学校的发展具有重要的指导作用,办学理念可以对学校成员的行为起到规范和约束作用,并且使学校的整体发展方向更明确。

其二,办学理念是学校彰显自身教育价值观和办学特色的重要名片。办学理念集中体现在办学目标、学校管理、校风、校训、校徽等方面。科学、先进的办学理念对内可以帮助学校提升向心力与凝聚力,完善学校管理,提升教育水平和学校的核心竞争力;对外则是学校的一张名片,可以宣传学校教育思想,彰显学校特色。

3. 完善办学理念

(1) 规范办学行为。规范办学行为是完善办学理念的基础和前提,没有规范化的办学行为,就难以体现办学理念的科学性与先进性。规范办学行为,要严格遵守国家的相关规定,并制定一系列规章制度,以保证各类课程与课时的完整,保证教学方式的科学、合理,保证教师和学生按章办事,不违反教育工作的相关要求。

（2）加强教学管理。加强教学管理是完善办学理念的基本保障，目的是让教学理念能够落到实处。学校只有加强教学管理，才能为教学活动的顺利开展提供保障，使教学达到预期的目标。教学管理的核心仍然是规范，规范的对象主要是智育、德育、美育、体育和劳育的具体实施过程。

（3）优化课堂教学。优化课堂教学是学校办学理念内化的过程，是落实办学理念的具体路径。优化课堂教学需要贯彻以人为本的教学理念，重视学生的主体地位，完善教学理念，改革教学模式，优化教学方法，构建高效课堂，形成良好的教学氛围，提升课堂效率。

（二）加强学校制度文化建设

学校的制度文化建设是校园文化建设的重要组成部分，也是校园精神文化体系建设的重要保障。只有重视学校的制度文化建设，公正、规范地执行学校的规章制度，完善学校的管理体制，才能更好地促进校园精神文化建设，营造良好的校园精神环境。加强学校制度文化建设的途径如图 7-3 所示。

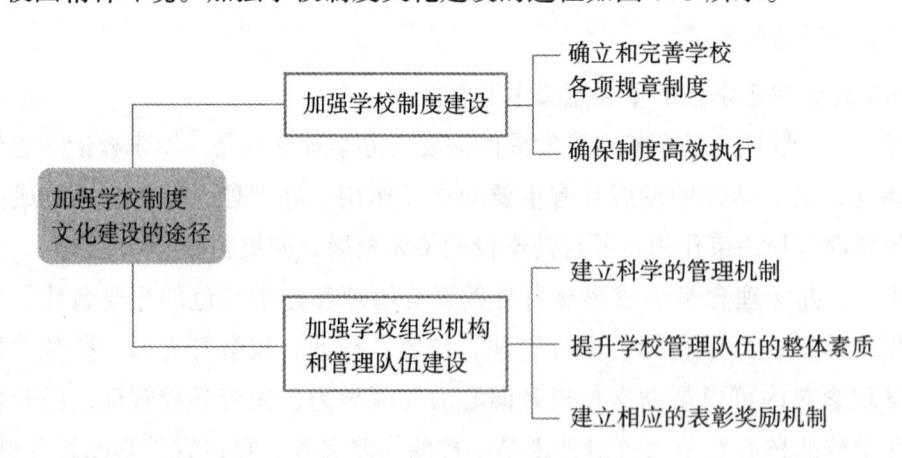

图 7-3 加强学校制度文化建设的途径

1. 加强学校制度建设

（1）确立和完善学校各项规章制度。学校的各项规章制度是为了保障学校各项教育和管理工作的规范化运行而制定的。规章制度的内容需要充分完善、合理合法，同时，制度要具有较高的内在质量和普遍的适用性。规章制度的制定过程必须坚持以人为本、开放民主且符合教育的发展规律的原则。规章制度需要全面、完善，且具有一定的先进性，要在实践中不断与时俱进。

（2）确保制度高效执行。首先需要提升全体教职员工和学生对于制度的认同感，这就需要让师生共同参与制度的制定，在制度的制定过程中要坚持开放民主的原则。在制度制定完成后，学校还要对师生进行相关的教育和培训，进而深化师生对于制度的理解，使师生更加主动地配合制度的执行。其次，要维护制度的权威性，公正规范地执行制度，只有这样，制度的权威性才能不断得以树立和巩固。最后，制度的高效执行需要刚柔并济、奖惩结合，尽量避免师生对制度产生抵触情绪，以提升制度执行的实效。

2.加强学校组织机构和管理队伍建设

（1）建立科学的管理机制。加强学校组织机构和管理队伍建设，首先要建立和完善科学的校本管理机制，明确学校各部门的职责和任务，改变信息垂直传递的组织沟通方式，增强部门间的横向联系与沟通，深入推进学校管理制度改革，建立符合教育发展规律和学校发展实际的管理机制。

（2）提升学校管理队伍的整体素质。管理机制的有效落实需要学校具备一支高素质的管理队伍，只有管理队伍自身具有过硬的素质，才能真正深入理解并更好地执行管理制度。提升学校管理队伍的素质，首先，需要保证管理者自身对学校各项制度的内涵有深入的了解与准确的把握；其次，管理者需要以身作则遵守各项规章制度，维护学校管理制度的权威性；最后，在管理过程中管理者应该重视方法的选取，其在管理实践中应充分发挥主观能动性，采取灵活、有效的管理方法，促进管理制度的有效落实。

（3）建立相应的表彰奖励机制。校园管理的目标是实现学校教学系统更好的发展，在这一过程中，规范是必要的，但是也要重视系统中成员积极性和主动性的发挥。在校园管理过程中，应该充分发挥奖励和表彰的激励作用，对于模范执行制度的先进典型，应该给予表彰奖励，从而鼓励广大师生向他们学习，这样既能激励先进模范进一步创先争优，也能鼓励其他师生自觉遵守学校的管理制度。

第八章　发挥教师在美育化教学中的主导作用

教师是课堂的主导，是教学活动的关键参与者，是学生知识的教授者，是学生进行实践训练的指导者，因此，教师水平的高低，直接影响教育的质量好坏，在美育中也不例外。因此，推动中小学美育的发展，必须重视师资队伍的建设，提高教师的审美素质，充分发挥教师在美育过程中的主导作用。

第一节　提升教师审美修养的意义

一、教师审美修养的内涵

（一）教师审美修养的含义

修养指的是个体经过学习与实践，在知识、品德、技能等方面所达到的水平。审美修养则指个体依据一定时代、社会的审美理想，自觉进行的自我心性锻炼、陶冶、塑造和提高活动，以及通过这些活动所达到的个体审美能力水平和审美境界。

教师作为人类灵魂的工程师，更应具备高品质的审美修养，具有较强的感知美、鉴赏美、创造美的能力。教师的审美修养表现在多个方面，它包括体貌服饰、言谈举止、知识结构和思想品德等。高品质的审美修养体现的是高尚的审美人格，对于教师来说，审美修养不仅对其自身的发展具有重要的作用，还对学生审美人格的建立具有重要的影响。

教师提升自己的审美修养和审美素质,有利于对学生进行更好的审美教育。教师的自我完善正是为了能够将美育的理念贯穿于整个教学活动中,并按照美的规律对学生进行塑造,这对学生高尚人格的塑造具有重要的意义。

(二)教师审美修养的原则

1. 自觉性原则

教师的审美修养具有自觉性原则,虽然学校和社会上针对教师的专业化培训日益增多,但培训内容主要集中在教师的知识与能力结构上,其整体审美修养的提升主要还是依靠教师自发进行的。教师的审美修养是美育由外而内的转化过程,是教师自觉、主动追求美的过程及成果。

2. 内外兼修原则

教师的审美修养,是内在美与外在美的充分结合。内在美包括教师的审美价值观、审美心理结构和各项审美能力,以及知识结构、品德操守、价值取向等。外在美则是教师审美价值观的外在体现,包括审美创作能力与审美鉴赏能力,以及形象气质、言谈举止、行为习惯等。

教师的审美修养,需要符合内外兼修的原则,假如教师精神层面的完善和提升不能落实到具体的操作上,那么教师的审美修养将难以对教学实践产生积极的促进作用。假如教师只提升自身的外在美和实践操作能力,而忽视内在审美修养的话,这种外在的形象与技能将只剩一副空壳,缺乏美的内涵,同样无法实现美育的任务。

3. 持久性原则

教师的审美修养,不在于一时的提升,而在于持久的保持,要强调自我美育的作用伴随人的一生。教师审美修养的持久性原则主要包括两个方面的含义。其一,教师应该持之以恒地追求美,坚持提升自己的审美修养,不断自我激励,自我追求;其二,教师应该与时俱进,把握时代发展的脉搏,崇学求新,不断完善和丰富自己的知识和技能体系,不断完善自己的审美心理结构,不断走向更高的审美境界。

二、提升教师审美修养的意义

（一）信息加强效应

趋美避丑是人们日常生活中常见的行为习惯，对于本质具有美感的事物，人们纷纷追逐向往；对于本质缺乏美感的事物，大家往往避之不及。这是由美的性质所决定的，美的事物是符合人类社会发展规律和社会普遍价值认同的，因此，追求美有利于人类自身获得更好的发展，同时，对于美的追求也是人类社会发展的不竭动力。所谓信息加强效应，正是通过人们趋美避丑的特点，用美的事物吸引他们，提升其对于信息的接受度。

提升教师的审美修养，正是充分利用趋美避丑的价值判断，提升教师"美"的属性，加强教师在学生心目中的地位，使学生乐于接收教师发出的信息。教师作为教学信息的发出者，若想高质量地完成教学任务，不仅需要保证自己发出信息的准确性和规范性，还需要考虑信息接受者是否愿意接受自己发出的信息，以及能够接受多少信息，这就考验教师能否为信息接受者带去美感，使自身成为其必然的选择，在这里，信息接受者自然指的是学生。学生对知识的接受程度的影响因素，不仅包括信息的准确性与重要性，还包括信息是否符合自己的需要和兴趣，因此，教师在课堂教学中，既要重视所传授知识的准确性，又要重视学生对知识的接受情况。

教师提升自身的审美修养，可以增强学生对自己的认同感，并在此基础上加强学生对教师所传授知识的接受度，使学生能够主动、愉悦地接受课堂知识，从而达到信息的加强效应。

（二）组织优化效应

教学的组织优化指的是教师通过在科学的教学方法中融入美的规律，保证知识的有效传输，这是对教师组织能力的考验。教学过程中的组织优化问题主要包含两方面的内容，其一是教师"如何教"的问题，其二是学生"如何学"的问题。在教师的科学引导下，充分发挥学生的主观能动性，提升学生的自主学习能力，是教学组织优化的重要目的。

教师在教学过程中，要将美的理念渗透进教学环节的每一个因素中，吸引学生的注意力，避免学生上课分心。比如，结构清晰、规范工整、一目了然的板书，能够帮助学生更容易地理清思路，便于学生学习和掌握知识。再比如，灵活的授课方式也能激起学生的学习热情，教师可以根据不同的授课内容组织教学；可以充分发挥学生的主体地位，在教师的引导下进行相关话题的讨论；可以将学生分成若干小组，根据小组表现打分，激发他们的学习热情、培养他们的团队精神；还可以充分利用现代教学技术与各种教学辅助工具，将知识以更加形象、具体的形式呈现在学生面前，便于学生对知识的理解。

组织优化效应体现着教师的审美修养，无论是课堂的组织，还是教学方法的选用，都考验着教师的审美素质和审美能力。审美素质较强的教师可以将美的理念充分融入教学过程之中，使教学过程充满魅力，从而能够激发学生的学习兴趣，提升课堂教学的效果。

（三）行为模仿效应

学校教育的根本目标是促进人的全面发展，培养符合国家和社会需要的人才，在这个过程中，知识的传授固然重要，学生的品德、价值观、身体素质及审美素质等方面的发展同样十分重要。教师在教学活动中起着主导作用，一方面，教师需要在课堂上"传道、授业、解惑"；另一方面，教师在教学过程中展现出来的仪表、品德、学识和情操对学生起着重要的师范作用。

中小学阶段的学生正处于价值观构建和形成的阶段，教师的师范作用对于青少年具有重要的影响。中小学生精力旺盛、充满好奇，除了求知欲外，他们对美的追求也十分强烈。学生对于知识与成长的渴望使得其具有鲜明的"向师性"心理，即学生自发地模仿、接近、趋向于教师。

学生将教师作为学习的楷模，而教师本身具有的美的元素，包括教师的审美修养、正确的价值观、高尚的道德、渊博的知识及外在形象美，等等，都能对学生产生深刻的熏陶和感染作用。同时，教师也成了学生学习和模仿的对象，学生在不知不觉中向教师学习，小到言谈举止，大到道德认知和价值取向，教师审美修养的这种行为模仿效应，在潜移默化中提升了学生的审美素养。

第二节 当代教师的审美素质

一、教师的审美能力

（一）审美感受力

美是一种相对生动、具体的形象，无论是现实美还是艺术美，都表现为一种具体可感的形象，人们的审美活动就是用形象思维去认识美、感受美，这一过程就是审美感受的产生过程，人们的这种对于美的感受能力，就是审美感受力。

审美感受力是教师审美素质的基础组成部分，只有具备感受美的能力，教师才能在教学活动中充分发挥主观能动性，将美与教育充分融合，按照美的规律组织教学活动，进而充分利用美的感染性，使学生在学习的过程中被教师之美、教学之美和知识之美所感染，激发学生的审美感受，使学生在一种积极、轻松的氛围中开展学习活动。

（二）审美想象力

想象是一种极具创造性的思维活动，审美想象力是审美主体在审美体验的基础上，对于审美对象的丰富、完善和创造新的对象的能力。人们通过想象，将自己的审美情感注入审美对象之中，从而加深对审美对象的感受、认识和理解。

在教学活动中，教师的审美想象力对于教学活动的开展以及将美育的理念融入教学活动具有重要的促进作用。比如，在语文教学中，就需要教师充分发挥审美想象力，在讲授一些较难理解的文章或古文时，教师需要适当展开联想，帮助学生打开想象的窗户，拓展学生的思路，使学生更好地理解文章；在理科教学时，教师可以将物理、化学知识与学生现实生活中遇到的现象充分结合，或者通过想象预设具体的情境，使学生通过所学知识解决预设的问题，从而帮助学生深化对知识的理解。

（三）审美理解力

认识与理解是做出审美判断的重要依据，审美理解力作为一种审美能力，是审美主体对审美对象的认识从感性上升到理性、从个别上升到一般的思维能力。这里需要注意的是，审美理解的过程并不是将形象的认识转变为抽象理论的过程，审美理解的过程是与审美感知、审美情感充分协调的过程，相比于抽象概念的总结与归纳，审美理解重视的是直觉与领悟，它强调通过审美心理机能之间的自由协调实现对于审美对象本质的理解与把握。

审美理解力对于教师十分重要，无论是学生、具体的知识、教育模式，还是教学方法，都是教师需要理解的审美对象，教师要想实现美育与课堂教学的充分结合，更好地开展教学活动，就必须提升对审美对象的把握和理解能力。

（四）审美创造力

审美创造力是个体审美能力的集中体现，是审美能力不断提升的成果。审美创造是人们根据自己的审美体验与审美情感，充分运用审美知识以及技能技巧进行创造性活动的过程，是根据美的规律进行的创造性实践活动。

作为一名教师，不仅需要具备专业、扎实、完备的知识体系和娴熟的教育教学技巧，还应该具备审美创造力。审美创造力是教师审美修养的体现，在教学中具有广泛的应用。比如，教师根据教学内容创造性地改变教学方式和课堂组织形式，采取游戏、竞赛、辩论等一系列活动，使学生能够在轻松、愉悦的氛围中高效完成学习任务，深化其对知识的理解，这就是教师在教学方式上发挥审美创造力的典型例子；再比如，教师可以创新课堂评价机制，在重视学生知识点掌握的基础上，将学生的课堂表现、审美能力、表达能力、团队合作能力等融入评价体系，促进学生的全面发展。

二、教师的形象美与品德美

（一）教师形象美

教师的形象由多种要素构成，其能够通过具体的形象被人们所观察，教师形象美的内容如图 8-1 所示。

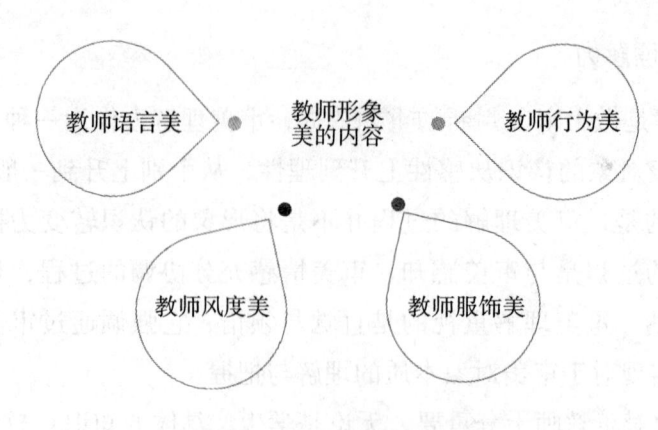

图 8-1　教师形象美的内容

1.教师语言美

语言是人类交流的主要工具，由语音、词汇、语法、语义等要素共同构成。语言产生于人类实践，并伴随着人类实践的进步而不断丰富和发展。语言作为人类交流思想、表达情感的工具，只有在表达时清晰、具体，才能准确表达思想，实现顺畅的交流，这是语言美的基础构成要素。

在生活中，人们不仅将语言作为一种交流工具，还将其作为审美对象。语言美不仅包括能够准确地将思想表达出来，还应该使语言具有较强的感染力，包含积极的社会意义，能够激发人们的审美情感。身为教育工作者的教师承担着教书育人的责任，一言一行都会对学生产生影响，因此更应该注意语言使用的美，语言美具有如下特征。

（1）规范化。美的语言首先必须符合规范，语言是一种社会行为，语言表达是否准确、清晰，取决于其是否符合语言的规范。美的语言必须符合语法规范与社会规范，既要语义表达明确、发音标准、吐字清晰、语法使用正确，又要符合社会的普遍价值认同。教师作为知识的传授者，尤其需要注意语言使用的规范化。

（2）文明健康。美的语言应该是平和亲切、文明礼貌的，肮脏、污秽的不文明用语是不具有美感的。粗俗、低级的语言使用，很容易伤害朋友之间的和气，在与陌生人交流时更容易产生不愉快甚至冲突。不文明用语还会有损自身的形象。教师身为学生的楷模，不仅在课堂上，在课下也应注意用语的文明、健康，为学生起到良好的师范作用。

（3）生动形象。生动形象的语言表达能够将实物与情景栩栩如生地描绘出来，让听者能够通过语言感受到事物的具体形象，这是语言的艺术，也是语言的魅力。生动形象的语言还能激发人们的审美情感。比如，修辞的运用能够给人带来形象的思考和愉悦的审美体验，这样既能准确表达事物的性质，又能让人感受到语言之美。教师在教学实践中应该充分发挥语言美的这种生动形象的特点，让学生更乐于接受教师所传达的信息。

2. 教师行为美

人的行为指的是个体受思想支配而表现出来的外表活动。人的行为美是审美人格的外在表现，建立在审美人格基础上的心灵美是行为美的基础和源泉，而一个人的人格与心灵之美需要通过行为美表现出来。行为美对于教师来说尤为重要，教师的职责要求其必须规范自己的行为举止并使其具有美的属性，从而为学生起到良好的师范作用。

3. 教师服饰美

服饰美是生活中常见的艺术美之一，服饰能够表明一个人的身份，能够彰显一个人的气质，能够给予他人丰富的审美体验。教师每天都需要面对众多的学生，因此，他们更不能忽视服饰的审美作用，仪表美是教师职业特点的必然要求，而服饰美又是仪表美的重要组成部分。

教师服饰美并不代表衣着需要光鲜亮丽、流行时髦，而是需要符合教师的职业身份，整洁得体是教师服饰美的基本要求。尽管流行时髦的服饰与赏心悦目的服装搭配对于教师的形象美也能起到相当重要的作用，但这并不能代表服饰美的全部，只要教师在教书育人的过程中衣着得体、落落大方，就能带给人为人师表的整洁、和谐之美。当然，这并不是说教师的衣着应该是单调与刻板的，而是说教师的衣着应该抓住美的真正内涵，符合教师的职业特点与基本要求。

4. 教师风度美

风度，顾名思义，指的就是人的风采和态度，其主要包含两方面的内容。其一，指的是人的外貌形态、举止谈吐、风姿仪态等的总和，这是风度美的外在表现；其二，指的是思想道德水平、文化修养、个性气质及性格等内在因素。

风度美首先表现在外在形象上，文明礼貌的举止、风趣幽默的言语、整洁得体的服饰等，都能给人带来美感。当然，外在形象美是需要以内涵美为依托的，因为风度是人精神气质感的外在表现，风度之美与高尚的品德情操、纯洁美丽的心灵之间有着必然的联系。

风度美是个体内在美与外在美的有机统一，教师应该重视自身的风度美，不仅能够赢得学生的尊重，还能充分发挥美的感染作用，通过自身的师范作用，使学生产生对于美的向往，并自发地注意自身形象，丰富自身内涵。[1]

（二）教师品德美

1. 教师情感美

在工作中，教师面对的是一个个具有丰富感情的人，因此，在教学实践中，除了讲授知识外，教师还应该注重情感信息的传输，而且，情感信息还在很大程度上影响知识信息的传输。

教师情感美在教育实践中集中表现为对于学生的爱，爱学生是教师情感美的直接、生动、具体的体现，是教师的天职。很难想象，不爱学生的老师，如何在教育实践中触动学生的审美情感，使学生产生愉悦的审美情绪。

爱学生，表现在对学生的关心、理解和尊重上，教师要为学生负责，认真教授学生知识、悉心呵护学生成长，这就要求教师不仅要关注学生的学习状态和学习效果，还要全面了解学生的个性特点，敏锐察觉学生的情绪变化，注重引导学生的人生观、价值观和世界观向正确的方向发展。

2. 教师心灵美

人的美，分为外在美与内在美，外在美注重形象，内在美注重品德。内在美就是人的心灵美，是人内心世界的美，是高尚的精神、思想和品德，是人的根本之美。心灵美主要包括以下几方面。

（1）人生观、世界观、价值观的美。人应该如何生活，应该用什么样的眼光去看待与分析事物，应该实现怎样的人生价值，这是每个人必须思考的问题。对于学生来说，教育对于其人生观、世界观、价值观的构建具有重要的意义，而教师作为教学的主导者，其自身的人生观、世界观与价值观对于其教学行为具有重要的指导作用，也会直接影响其价值判断与价值选择。符合自身与人类社会发展规律的世界观、人生观、价值观能够帮助教师运用科学的理论指导教

---

[1] 赵火根，赵传栋. 教师美育概论[M]. 南昌：江西高校出版社，2006：134-161.

学活动，并在教学中充分渗透美育的内容，从而更好发挥自身的榜样作用，促进学生的学习与成长。

（2）道德情操的美。道德情操指的是人们道德操守与情感的结合，道德情操源于人类的实践，并随着实践的发展而不断丰富、发展。道德情操在不同时代有不同的内容和要求，但相同的是，符合时代普遍道德认同的道德情操有利于个体的不断完善，具备高尚的道德情操是人类个体不断实现自身发展的需求，同时也是美育的重要目标。高尚的道德情操是教师所必须具备的素质，只有具备高尚道德情操的教师，才能完成传播知识，培养高素质人才的任务。

（3）智慧的美。智慧是美的重要组成部分，智慧美的内涵主要包括两个方面。其一，具有丰富的知识和见闻；其二，具有较高的思维与自主学习能力。教师作为知识的传授者，"传道、授业"的任务要求教师必须具备扎实的专业知识与广泛的文化科学知识。同时，"解惑"的职责则要求教师需要具备较强的思维能力。教师还需要具备较强的自主学习能力，在当今信息时代，信息的更新速度非常快，教育领域也是如此，教学内容与教学方式都需要与时俱进，以确保教育活动能够紧跟时代发展的脚步。因此，对于教师来说，智慧美是教师美的重要组成部分，是教师从事教学活动的关键素质。

三、教师的专业知识与技能美

教师的专业知识与教学技能是教师能力的核心组成部分，也是教师专业发展的主体内容，教师若想充分发挥自身在美育化教学中的主导作用，就必须完善自身的知识体系与技能体系，教师的专业知识与技能美的主要内容如图 8-2 所示。

```
教师的专业知识        ┌── 扎实的专业知识
与技能美的主要内容 ──┤  教师知识    ├── 广泛的文化科学知识
                      │  结构美      ├── 一定的教育学和心理学知识
                      │              └── 基本的美学知识
                      │
                      │              ┌── 知识传递能力
                      │              ├── 沟通交流能力
                      └── 教师专业    ├── 教学设计能力
                          技能美      ├── 教材开发能力
                                     └── 教学监控能力
```

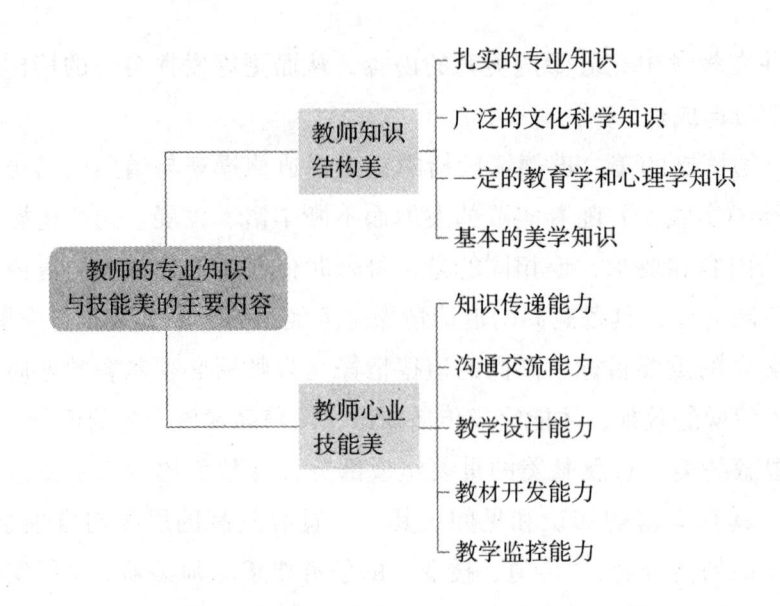

图 8-2 教师的专业知识与技能美的主要内容

（一）教师知识结构美

1.扎实的专业知识

教师知识结构美首先体现在具有扎实的专业知识上。在当今知识经济时代，专业知识的重要性在每个岗位上都体现得淋漓尽致，但是教师的专业知识与其他行业从业者的专业知识在结构上存在一定的差异。首先，教师的专业知识不直接运用于生产环节，因此，在知识结构上，教师专业知识的理论性要大于实践性。其次，教师的工作是教书育人，学生学习的首要任务是牢固掌握基础知识，进而在教师的引导下建构自己的知识体系。因此，教师的专业知识必须丰富而扎实，且需要具备很强的系统性。只有这样，才能出色地完成教学任务。

2.广泛的文化科学知识

除了扎实的专业知识之外，教师还应该具备广泛的文化科学知识。全面的知识体系是对教师知识结构的重要要求，主要有以下两个原因。

其一，中小学生兴趣广泛且求知欲旺盛，具有很强的好奇心。出于对教师的信任与尊敬，学生总希望从教师那里得到自己好奇问题的答案，教师具备广泛的文化科学知识，就可以满足学生旺盛的求知欲，同时还能提升自己在学生中的威信，使学生对教师更添信任与崇敬。这样更有利于教学活动的顺利展开，

否则，假如教师回答不上来学生的问题，就会使学生对教师权威的认可下降，这样不利于知识的传授。

其二，掌握广泛的文化科学知识本身也是教师实现专业化发展的重要组成部分。教师专业化要求教师具备较高的专业素养与相对全面的知识结构，从个人发展的角度来看，教师专业化的过程也是教师实现个人价值，提升自身综合素养的过程。同时，所谓"腹有诗书气自华"，具备广泛的文化科学知识，可以使教师的精神更加富足，可以使教师感到充实、幸福、自信，有利于其自身的和谐和全面发展。

3. 一定的教育学和心理学知识

从美国开始呼吁教师专业化至今，教师专业化发展程度不断加深，世界各国对于教师专业化十分重视。教师专业化的不断发展对教师的知识结构也提出了新的要求，它不仅要求教师具备扎实的基础知识和广泛的文化科学知识，还要求教师具备一定的教育学知识和心理学知识，这是教师作为教育工作者所必须掌握的。

教育本身就是一门包含复杂知识体系的专业，教育本身也具有特有的规律，教师要想更好地开展教育工作，实现自身的专业发展，就需要掌握教育的客观规律，同时对学生的心理特征也要有相对充分的了解。只有这样，教师才能运用科学的方法更好地开展教学活动。教学不是简单的知识传授，而是教师充分运用自身所掌握的各种知识，以促进学生知识水平的提升与全面发展为目标，根据教育的一般规律与学生的心理特征组织开展的教学活动。因此，在这一过程中，教育学与心理学的相关知识对于教师来说十分重要。

4. 基本的美学知识

教育既是一门科学，又是一门艺术。作为一门科学，教育要求教师具备扎实、全面的知识结构；作为一门艺术，教育要求教师具有自身独特的教育气质与能力，以及较高的审美修养。教师普遍对知识结构的重视程度较高，但是对自身的审美修养却不甚关注，教师需要做的不仅仅是将知识传递给学生，还要考虑如何使学生更好地接受和理解知识。这就需要教师掌握基本的美学知识，懂得如何将美育与教育相结合，使教学活动具有美的属性。在符合一般教学规律与原则的同时，教师按照美的规律来构建教育过程，并将教学的艺术融入其中。

（二）教师专业技能美

教师审美素质的高低与教师的专业技能水平有密切的联系，教师的专业化发展主要包括两方面的内容。其一是知识结构，其二是技能结构。时代的发展对教师的技能有了更高的要求。

教师专业技能美需要教师具备过硬的实践教学素质，它包括知识传递能力、沟通交流能力、教学设计能力、教材开发能力及教学监控能力。在日常教学中，同一堂课，相同的教学内容，面对相同的学生，有的教师把握起来得心应手，有的教师的课堂却死气沉沉。其主要原因是教师的知识传递能力与沟通交流能力存在差异，无效或低效的知识教授与沟通直接影响了教师的教学效能。因此，良好的知识传递能力与沟通交流能力对于教师来说是基础的能力。面对特定的教学任务，教师如何组织教材、如何设计教学程序、采用何种教学方法和技术来开展教学活动显得尤其重要。好的课堂设计可以紧紧抓住学生的注意力，激发学生求知的欲望。一堂课的顺利展开，不仅依赖于教师的沟通交流能力和教学设计能力，还与教师的课堂管理能力密切相关。若教师没有很强的课堂监控能力却想实现有效的课堂教学，这几乎是不可能的。教材是教师教学重要的辅助工具，教材直接体现着教学内容，影响着教学方法。优秀的教师必须能够正确地选择和使用教材，且拥有熟练的教材驾驭能力，能够充分利用教材辅助教学，而不是将教学模式局限在教材的框架之内。

第三节　教师审美素质的培养

一、教师审美素质培养的重要性

（一）教育发展的要求

随着时代的不断发展，教育的内容与形式都在不断发生着变化，单纯的知识教授不能满足新时代学生发展的需要。中小学的教育不仅需要使学生的知识结

构不断得到丰富和完善，还需要培养和提升学生的综合素质，它包括审美素质、自主学习能力、理论联系实际能力，等等。

教师在中小学的教学活动中发挥着主导作用，是教学活动的核心组成部分，直接影响着教育的成效。要想实现新时代教育的目标，不仅需要坚持推进教育改革的步伐，使教育的发展符合时代发展的需要，还需要不断提升教师的综合素质，以保证教育的开展拥有一支高素质的师资队伍。审美素质作为教师综合素质的重要组成部分，其培养和提升自然也是教育发展对教师提出的重要要求。提升教师的审美素质，可以帮助教师以更加科学的方法论指导教育实践，使教师能够更好地将美育元素融入教学活动之中，在传授知识的同时，实现学生综合素质的提升，进而推进我国教育的整体进步。

（二）教师专业化发展的要求

1. 教师专业化的内涵

随着社会分工的不断细化，越来越多的一般性职业逐渐发展为专业，这是历史发展的必然趋势，而这一发展过程就是职业的"专业化"过程。专业化是指在一定时期内，一般职业群体通过不断发展最终逐渐达到或超越专业的标准，成为专业性职业群体的过程。

教师专业化是教师职业专业化的过程，从广义上来讲，它有两个层面的含义。其一是教师作为一门职业，其专业化程度不断提升，对于从业者素质的要求更加严格；其二是作为从业者的教师群体，不断丰富自身专业知识、提升自身教学能力和技巧的自我提高过程。从狭义上来讲，教师专业化更多是从社会学角度考虑问题，其更加强调作为一个整体的教师这个职业的专业性提升过程。

2. 教师的专业化发展需要提升教师审美素质

教师的专业化发展主要包括三个方面，它们分别是知识体系、能力体系与道德体系。教师审美素质具有丰富的内涵，无论是教师的知识结构，还是教师的教学能力，抑或是教师的道德与品行，都与教师的审美素质有密切的联系。教师只有正确且充分地感知美、理解美、创造美，才能将美的理念充分融入自身的发展之中，使其在知识和能力结构上不断丰富和完善，自身的道德体系也会按照美的规律来建构，从而实现自身的专业化发展。

二、提升教师审美素质的途径

教师审美素质的提升需要从理论与实践两方面开展，其既需要丰富教师的美育理论知识，还需要在实践中培养和提升教师的综合审美素质。提升教师审美素质途径的具体内容如图 8-3 所示。

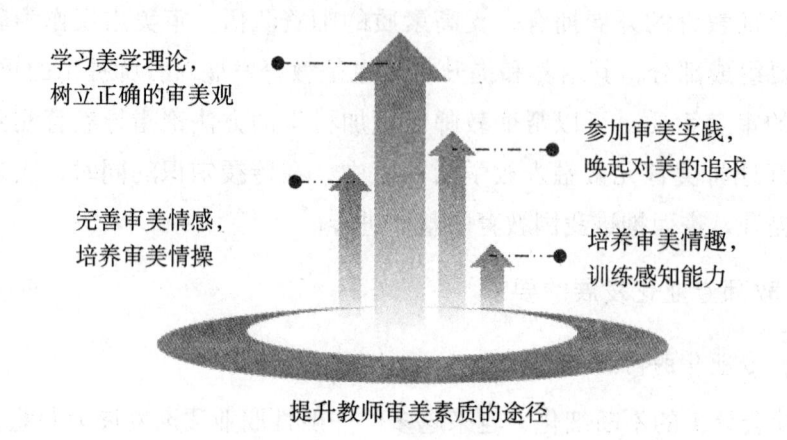

图 8-3　提升教师审美素质的途径

（一）学习美学理论，树立正确的审美观

提升教师的审美素质，首先需要教师丰富自身的美学理论知识，树立正确的审美观。对于教师来说，美学基本理论是开展美育的基础，教师若想提升自身的审美素质，更好地开展美育，就必须明确地了解何为美、何为美育，并在此基础上形成正确的审美观。

审美观是世界观的重要组成部分，它能够帮助人们认识什么是美好的、什么是丑陋的、什么是高尚的、什么是庸俗的、什么是值得提倡的、什么是需要抵制的。教师的天职是教书育人，特别是在中小学教育中，学生的人生观、价值观和世界观正处在不断地构建之中，因此，树立正确的审美观，是教育发展对教师的基本要求。审美观对于教师的教学实践具有重要的指导作用，正确的审美观可以帮助教师按照教育发展的规律以及学生成长的规律开展教学活动。在此过程中，他们以学生为中心，采取科学的教学方式，在教授学生知识的同时促进学生的健康成长。

（二）完善审美情感，培养审美情操

审美素质的提升离不开审美情感和审美情操的培养和完善，审美情感是人们情感与情绪在审美过程中的体现，其与人类的实践活动密不可分，这种对美的感受会逐渐内化为一个人的审美价值观，以此为基础，人们在对美的欣赏、追求和创造的过程中产生审美情操，审美情操包含对美的体验及创造美的实践活动。

身为教育工作者的教师更需要注重自身审美情感与审美情操的培养和提升，因此，需要重视以下几点。首先，教师需要明确人生的目的，树立崇高的理想。目标和理想是人奋斗的内驱力，是人的精神支柱，对人的发展具有重要的导向作用。其次，教师需要加强道德和文化修养，培养健康的人格。教师的道德水平与文化修养不仅是自身审美素质的直接体现，还影响着其教学水平。作为学生学习的榜样，健康的人格对于教师来说同样十分重要。最后，教师还应该注意心理卫生，保持心理健康。心理卫生是以增进心理健康为目的的，健康是美的前提，审美情感和审美情操的培养和提升必须以健康的心理为基础。

（三）培养审美情趣，训练感知能力

审美情趣是个体在审美实践的过程中形成的对于某种审美风格和审美情调的偏爱，审美情趣具有浓厚的主观色彩，但同时人们也需要确保其符合事物发展的规律与社会普遍的道德认同。审美情趣与个体的审美价值观、审美情感、审美情操等具有密切的联系，不同个体之间的审美情趣存在巨大的差异。有的人喜欢听民谣，有的人喜欢听摇滚，有的人喜欢欣赏舞台剧，有的人喜欢参加音乐会，有的人喜欢看小说，有的人喜欢读诗歌。

不同的审美情趣反映了人们不同的审美情感和审美价值选择，随着时代的发展，教师的审美情趣呈现多元化发展的趋势，在这种情况下，教师一定要保持审美情趣是健康的、高尚的。要想培养健康、高尚的审美情趣，就需要通过审美实践训练教师的审美感知能力。人们只有善于去发现美、感知美，才能更好地去认识美、创造美。

（四）参加审美实践，唤起对美的追求

实践是认识的来源，审美实践是提升审美能力的重要基础，是唤起人们的

审美感受、丰富人们的审美知识、提升人们的审美情趣、陶冶人们的审美情操、促进个性健康发展的重要路径。

在中小学教育实践中，要重视审美实践对美育的重要作用，广泛开展审美实践活动。审美实践活动开展的形式应该丰富多样，在中小学教学实践中，教师和学生均可参加的审美实践可以是在校内进行的体育运动会、课外兴趣小组、文化、艺术创作竞赛、科普活动、讲座等，也可以是在校外组织开展的游览参观、夏令营、校际交流、电影观看等。审美实践活动能够激发教师和学生的审美感受，陶冶较适合学生的审美情操，培养和提升教师和学生的审美能力。此外，教师还可以通过参加相关培训活动、教师交流活动、教育专题讲座等提升自身的专业化发展水平，为自身审美素质的提升奠定良好的基础。

教师在中小学教育中发挥着重要的主导作用，教师的审美素质能通过自身的教育理念与教学方式对学生产生直接的影响。审美素质的外在表现，如审美情趣、言谈举止、行为方式等也能通过师范作用对学生的审美价值观产生直接的影响。因此，教师应该重视自身审美素质的提升，以保证学生健康成长，同时实现自身的专业化发展。

参考文献

[1] 肖立军. 新美育实践研究 [M]. 长春：吉林人民出版社，2021.

[2] 蔡元培. 美育与人生 [M]. 济南：山东文艺出版社，2020.

[3] 鱼凤玲. 美育 [M]. 北京：中国科学技术出版社，2003.

[4] 刘岩. 美育 [M]. 北京：人民军医出版社，2010.

[5] 王岗峰. 美育与美学 [M].2 版. 厦门：厦门大学出版社，2009.

[6] 常春元. 美育原理 [M]. 石家庄：河北美术出版社，2000.

[7] 李长风，姚传志. 美育概论 [M]. 济南：山东人民出版社，1998.

[8] 刘鸿庥. 学校美育 [M]. 贵阳：贵州人民出版社，2002.

[9] 李益. 美育教程 [M]. 成都：电子科技大学出版社，2004.

[10] 顾頡. 中小学整合式美育 [M]. 成都：四川科学技术出版社，2005.

[11] 李铁铮，李胜利. 中小学美育实践 [M]. 北京：人民交通出版社，2009.

[12] 李方晴，姜晓华. 美育与学校教育 [M]. 北京：北京理工大学出版社，2004.

[13] 邢建昌. 美学 [M]. 石家庄：河北人民出版社，2012.

[14] 彭富春. 美学 [M]. 武汉：武汉大学出版社，2005.

[15] 冉祥华. 美育的当代发展 [M]. 北京：新华出版社，2008.

[16] 程新宇. 习近平关于美育的重要论述研究 [D]. 济南：山东大学，2021.

[17] 梁宇峰. 高中历史教学中渗透美育的探索与实践 [D]. 贵阳：贵州师范大学，2020.

[18] 黄文涓. 高中古诗文美育研究 [D]. 桂林：广西师范大学，2020.

[19] 蔡馨恬. 中国当代生活美学思潮研究 [D]. 昆明：云南师范大学，2020.

[20] 陈晨. 王国维美育思想研究 [D]. 芜湖：安徽师范大学，2020.

[21] 程远. 马克思主义美育观与当代中国美育建设 [D]. 北京：北京交通大学，2018.

[22] 陈旖晴. 蔡元培美育理念中的"美善相乐" [D]. 汕头：汕头大学，2021.

[23] 赵媛媛. 美育视阈下高校校园文化建设研究 [D]. 太原：山西农业大学，2018.

[24] 陈柚灼.《论语》美育思想对高中语文审美教育的启示 [D]. 南宁：广西民族大学，2018.

[25] 林晗. 美育视角下小学语文古诗词教学策略研究 [D]. 厦门：集美大学，2021.

[26] 张欢欢. 席勒美育思想关键词研究 [D]. 西安：西安电子科技大学，2018.

[27] 李雯影. 席勒美育思想研究 [D]. 合肥：安徽大学，2018.

[28] 吴倩霞. 中学音乐教学对学生美育素养的培育研究 [D]. 昆明：云南师范大学，2017.

[29] 辛岩桐. 美育育人功能视角下我国中学美术教育发展研究 [D]. 沈阳：鲁迅美术学院，2017.

[30] 宋嘉伦. 小学生艺术美育中创造力培养的实践研究 [D]. 上海：上海师范大学，2016.

[31] 禹露. 从美育角度探讨初中语文古典诗歌的情感教学 [D]. 贵阳：贵州师范大学，2015.

[32] 莫小红. 席勒与20世纪上半叶中国美育思潮 [D]. 长沙：湖南师范大学，2014.

[33] 刘晓雨. 论群众文化的美育功能 [D]. 郑州：郑州大学，2014.

[34] 肖定艾. 中学德育"以美育德"模式研究 [D]. 南京：南京师范大学，2011.

[35] 刘琼. 浅析现代美术教育的美育、德育、智育功能 [D]. 武汉：武汉理工大学，2008.

[36] 彭建华. 论美育与情感解放 [D]. 长沙：湖南师范大学，2008.

[37] 孙晓倩. "以美育德"模式的构建研究 [D]. 南宁：广西民族大学，2008.

[38] 曲丽娟. 美育与现代审美人格重塑 [D]. 曲阜：曲阜师范大学，2008.

[39] 任亚军. 中国近代美育思想及其当代意义 [D]. 成都：四川省社会科学院，2008.

[40] 姜艳华. 现代美育与人的感性发展 [D]. 南京：南京师范大学，2007.

[41]陈默.中学美育跨学科整合设计的实践研究[J].教学与管理,2022(13):62-64.

[42]付莎莎.浅谈小学美育与学生社会责任感的培育[J].淮阴师范学院学报(自然科学版),2022,21(1):83-85.

[43]惠燕.中学美育活动对学生心理健康的促进作用[J].科学咨询,2021(41):112-114.

[44]李蓓蓓.中小学美育教育的现状及构建新模式的探讨[J].艺术评鉴,2021(7):168-170.

[45]殷世东,余萍.中小学美育课程评价的价值、逻辑及路径[J].课程·教材·教法,2021,41(4):12-18.

[46]陈含笑,尹鑫,徐洁.新时代中小学美育课程的目标、内容与实施路径[J].教育科学论坛,2021(4):5-10.

[47]刘沙.中小学美育教师队伍建设研究[J].重庆电子工程职业学院学报,2020,29(2):55-58.

[48]王文研,赵威.浅谈小学美育[J].中国民族博览,2019(3):40-41.

[49]胡樱平.新时代中小学美育的三大实践路径[J].教育探究,2018(6):14.

[50]王银环.浅谈中小学美育的改革创新[J].美术教育研究,2018(18):141.

[51]贾志正,曹建民.如何提升小学美育水平[J].西部素质教育,2018(11):83.

[52]徐承.普通中小学美育课堂中德育的实现方式研究[J].美育学刊,2018(1):13-19.

[53]刘美杰.浅谈中学美育中的抽象审美引导[J].艺术科技,2017(8):400.

[54]周凤玲.中学语文教学中进行美育的思考[J].西部素质教育,2016(23):288.

[55]蓝有.浅谈初中美育[J].大众文艺,2016(17):245.

[56]李实.中学美育的困惑及对策[J].文学教育,2014(4):126.

[57]田虎.中小学美育的困境与对策[J].现代教育科学,2013(4):115-117.

[58]朱蔚华.美育在初中德育体系中的作用[J].教育教学论坛,2013(19):40-41.

[59]付振邦.论中学美育与美术课有效教学[J].美术教育研究,2012(24):102-103.

[60]曹斌.美育在中学体育教学中的作用与实践[J].新西部,2012(6):166.

[61]张剑平.论中小学美育中的艺术欣赏教学[J].大舞台,2012(1):232.

[62]祝莉红,朱凤.中学德育思考:以美育德[J].黑河学刊,2011(8):140.

[63]安宝珍.从孔子的美学思想谈如何实施中小学美育[J].教育理论与实践，2001(7)：60-61.

[64]康万栋.中小学美育在全面育人中的作用[J].天津师范大学学报(基础教育版)，2000，1(2)：14-17.